JN238308

アラン・コーエン 著
Alan Cohen
本田 健 訳
Honda Ken

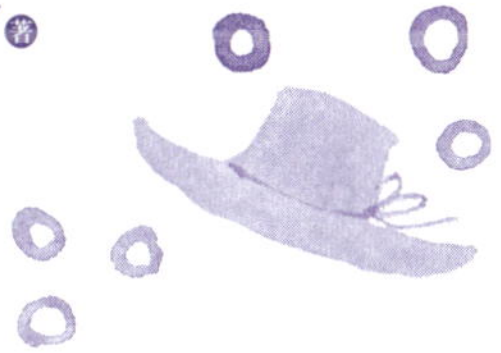

頑張るのをやめると、豊かさはやってくる

Relax into Wealth

PHP

訳者まえがき
――アラン・コーエンさんとの出会い

本田　健

本書の著者アラン・コーエンさんとは、もう六年以上のつきあいになります。作家でアラン・コーエン・ジャパンの代表でもある穴口恵子さんの紹介で、お会いしたのがきっかけです。

会うなり、肩の力が抜けて、とてもリラックスしている彼の在り方に惹(ひ)かれました。

本書の原題は、「Relax into wealth（直訳は、リラックスして、富に至る）」というものですが、彼はまさにタイトルそのままの生き方をしています。

同じベストセラー作家でも、著作とお会いしたときの印象がかけ離れていることがたまにあるものですが、アラン（ふだん、そう呼んでいるので、さんは抜きますね）は、ほとんど本そのままの人です。また、言っていることと、やっていることの差がある人もたくさんいる中で、アランは、自ら教えている通りに生きています。彼の人生そのものをそのまま分かち合っているので、そこに無理がないのでしょう。

パートナーのディーとも深い愛情で結ばれていて、いつもすてきなパートナーシップを見せてもらっています。アランと最初に会った頃は、私がアメリカに引っ越しする前でしたので、いろいろと相談にものってもらいました。アランは私にとって、作家として、講演家として、何でも話せる年上のお兄さん的存在です。

それからは、アランが日本に来る度に、私もスケジュールを調整して、できるだけ会うようにしてきました。今では、兄弟のように思っていると言い合える仲になりました。目指す世界が似ているので、自然と二十年来のつきあいのような感じになるのでしょうね。

彼とは、何度かジョイント講演会もやりましたが、その運営のスムーズなこと。一五〇〇人の前でもいたって自然体です。参加者の方々も、ハワイのさわやかな風に癒(いや)されたかのように、みんなやさしい表情になっていくのが印象的です。

アランは、どんな人が相手でも自由に語れる不思議な人です。日本が大好きなので、これからも、何度も日本に来てくれるでしょう。ぜひ、実際に会って、彼のすばらしさに触れてみてください。生きることが少し楽になることでしょう。

献辞

真の富は心の豊かさだと教えてくれた、
ダウ家のみなさん、
ロド、ロモート、メレリータ、ルイーザ、シオー、マヌ、ポーリーナへ捧げる

はじめに

「空港をご利用の皆様に申し上げます。誠に申し訳ありませんが、サンフランシスコ行き三七便は機械系統に問題が発生しましたため、出発時刻を変更させていただきます。新しい出発予定時刻は二時間後となります」

やれやれ。

すぐさまカウンターへかけつけて、ファーストクラスにアップグレードしてもらおうと思いました。係員に直接交渉すれば、きっとなんとかなるでしょう。

しかし、わたしがカウンターにたどり着くころには長い列ができていました。同じことを考えている乗客がたくさんいたのです。わたしも列に並びながら、待ち時間がどれくらいかかるか考えてみました。うーん。一時間はかかる。しかも、アップグレードしてもらえるかどうかあやしい。

わたしのセミナーに参加した人たちが、これまでいちばん気に入っているという知恵の言葉を思い出しました。「気を楽にして身を任せなさい。苦労は必要ありません」。もしいまここで、進んで気を楽にして身を任せるとしたら、どうするでしょうか？　答えは簡単です。高級ラウンジに行ってくつろぐでしょう。アップグレードできればそれは最高ですが、できなくても別にかまいません。少なくとも人生でもう一時間、心安らかに過ごせるのです。

わたしは列から抜けて、ラウンジへ向かいました。柔らかい椅子に座ってオレンジジュースをすすり、雑誌を読んでから、昼寝をしました。これはまちがいなく正しい選択でした。

新しい出発時刻の十五分前に、搭乗ゲートに戻りました。出発エリアに入ると、拡声器からまたアナウンスが聞こえてきました。「ミスター・コーエン、ミスター・アラン・コーエン、カウンターまでお越しください」

今度は何だ？　わたしはカウンターに近づきました。ほぼ全員が搭乗済みだったので、エリアはがらあきでした。わたしが名乗ると、係員が快活にこう告げました。「お席をアップグレードさせていただきました」

これはすばらしい――しかも、一時間そこに並んで自分から頼む必要もなかった！

「本当に不思議です」係員はとまどった顔をしてこう言いました。「この空席がどこからきたのかさっぱりわかりません。一分前にはなかったはずなんですが」

ほらね、こういうことだよ。くつろぎの時間に加えてアップグレードも手に入れた二重の喜びに満足して、わたしは新しい搭乗券を手に、上機嫌でゲートに向かいました。

途中でわたしは、係員がアップグレードに必要なクーポン券を回収しなかったことに気がつきました。うーん。誠実であれ、という言葉が頭に浮かびます。わたしは戻ってカウンターに三枚のクーポン券を置いて、「これをお忘れでしたね」と係員に告げました。彼女はもう一度コンピューターをチェックすると、戻ってきてこう言いました。「いいえ、コンピューターを見た限りではお支払いは済んでいますから、結構ですよ」

「なるほど、あなたのほうで結構なら、わたしにとっても結構です」とわたしは言いました。

飛行機に乗ってゆったりとした座席に腰をおちつけながら、わたしはついさっき起こったことについて考えました——とても不思議な気分です。わたしが大切にしている原則のすばらしい実例でした。宇宙が、否定できないかたちで直接わたしに証明してくれました。リラックスしながらうまくいくと信じて、苦労よりもやすらぎを選ぶと、不安を抱いてがんばるときよりも、ものごとはずっとうまくいきます。

もしあなたがわたしのように、欲しいものを手に入れる唯一の手段は戦い抜くこと、さもなければ、遅れを取り戻そうとあがきながら一生とぼとぼ歩くことになる、と教えられてきたとしたら、いまあなたが手にしているのは、あなたの意識を変えるお手伝いができる本です。人生は苦しい戦いである、という考え方から抜け出して、魂を犠牲にしなくとも欲しいものは手に入る、と心の深い場所で理解できるようになるでしょう。成功、富、調和のとれたビジネス関係はどれも、教えられてきたよりもずっと楽に手に入れることができます。本書にはたくさんの実例をおさめましたし、実践的なツールもご紹介しています。

本書で紹介するストーリーと実例は、わたし自身の人生で長年そうした原則を試みた経験と、そうした原則が何千人ものセミナー参加者やコーチングセッションのクライアントの人生で実証されるのを目にした経験の成果です。

わたしたちの旅をわかりやすく構成するために、九つの基本原則を設けました。各部の冒頭でひとつずつ「原則」をご紹介します（各部のサブタイトルになっています）。各部を構成する項では、その「原則」がどんなふうに働いているかを説明しています。基本原則を必要なときに思い出せるように、「思い出すためのひとこと（メモリーフック）」（こちらは各部のタイトルとしました）も添えました。巻末には九つの「原則」すべてを表にまとめましたので、机や鏡などどこでも、タイミングよく目にとまるような場所に貼っておくとよいと思います。ひとつ（もしくはそれ以上）の「原則」が直接語りかけてくるような気がしたら、もっと大きな紙にコピーして、それをパソコンのモニターや車のダッシュボードに貼っておくのもいいかもしれません。「原則」を思い出して使う頻度が高まれば高まるほど、結果はより早くあらわれ、影響力はますます大きくなります。

各項の終わりには、「豊かさを享受するヒント」があります。学んだ「原則」を、自分自身の人生にあてはめる手がかりとなるような質問とエクササイズです。文章として書いてもよいし、心の中で答えてもかまいませんが、すべての質問とエクササイズを実際にやってみることをお勧めします。個人的な体験と結びつけることは、頭で理論的に理解するよりもずっと効果があるからです。配偶者や友人と一緒に「豊かさを享受するヒント」について話しあってみると、さらにいっそう刺激を受けるでしょう。質問のいくつかは気楽で冗談半分にできるものですが、かなり深い内容のものもあります。正直に答えてみるだけで、すばらしい発見があるはずです。

「豊かさを享受するヒント」の末尾では、アファメーションをご紹介しています。どのアファメーションも、より大きな物質的、精神的豊かさを求める旅において、まちがいなく役に立つはずです。アファメーションとは、自分自身を説得することでも、その言葉が実現することを願いながら繰り返し唱えることでもありません。アファメーションとは、すでに真実であることをはっきり口にすることです。そうすることで、自分自身にその真実を思い出させるのです。アファメーションについて考えたり声に出したりするのは、あなたの奥深くに眠る埋蔵資源にパイプラインを接続するようなものです。そこと結びつくと莫大な資源を利用できるようになり、人生の表面レベルにおいてもエネルギーを自由に使うことができます。アファメーションを一度口にするだけで、思いがけなく大金が手に入るかもしれませんし、何度も繰り返した後でやっと財宝を見つけるかもしれません。実際にアファメーションをしてみると実感できるはずです。あなたの中の何かが共鳴して気分が高揚し、「そういうことか！」と腑（ふ）に落ちる瞬間がやってきます。わたしが知る限りでいちばんぴったりしたアファメーションの定義はこうです。「わたしの中の魂（スピリット）が喜んで聞きたがる、自分についての真実」

わたしはあなたの人生の可能性にワクワクしています。「足りない」という感覚から、「豊かにある」という感覚に向かって、あなたが少しでも――もしくはたくさん――前進するとしたら、この旅はあなたにとって画期的なものになるでしょう。何かを得ようとして自分をひどく苦しめなくても、望むすべてが手に入ることに気づくとしたら、この旅は輝かしい成功です。本書は、喜んで自分自身を大事にして、我慢ではなく自分が望む人生を選んだときに、なぜ航空券のアップグレードがやってきたかを説明している本だといえるかもしれません。

あなたもそんな生き方を選べます。わたしのいちばんの願いは、あなたにそんな人生を生きていただくことです。

アラン・コーエン

RELAX INTO WEALTH by Alan Cohen
Copyright © 2006 by Alan Cohen
All rights reserved including the right of reproduction
in whole or in part in any form.
This edition published by arrangement with Jeremy P. Tarcher,
a member of Penguin Group (USA) Inc.
through Tuttle-Mori Agency, Inc., Tokyo

頑張るのをやめると、豊かさはやってくる ＊ 目次

第3部 情熱は報われる

第4部 つまらないことに骨を折ったり、骨の折れる仕事を大事にしたりしない

第5部 手にする成果はあなた次第

第6部 どんどん循環させせよう

謝辞

装丁◉一瀬錠二（Ａｒｔ　ｏｆ　ＮＯＩＳＥ）
装画◉平野瑞恵
協力◉力丸祥子

頑張るのをやめると、豊かさはやってくる

第1部 いつでもじゅうぶんにある

豊かさは自然なものだ。

――すべては与えられ、何も失われない

アフリカを探検したり、ミクロの世界で冒険したりしなくても、世界がすばらしく豊かだということはわかります。庭の芝生には何本の草が生えているでしょう？　夕暮れどきにバーベキューをすると、何匹の蚊に悩まされますか？　毎年春になると、東京一帯では桜の花が何輪咲くでしょう？　世界じゅうの砂浜にはいくつの砂粒がありますか？　一日にインターネットで飛び交う情報は何バイトでしょう？　世の中にはどれだけのものが存在して、わたしたちはどれだけを手にすることができるのでしょう？

答えは、「たくさん」です。数え切れないほどたくさんです。

これが少ない、あれが足りないと不満を言う人もいるかもしれませんが、この宇宙は絶対的な豊かさの中にあります。

近所の渓谷に自然に生えているマンゴーの木のことをお話ししましょう。六月にマンゴーの実がなりだすと、わたしは友人たちと一緒に、折りたたみナイフと使い古しのキッチンタオルを持って、谷にハイキングに行きます。木の下に座って、食べきれないほどの量のマンゴーを好きなだけ食べるのです。かたわらの地面を眺めると、落ちたマンゴーの実が腐っています。わたしたちが食べる数の一〇倍のマンゴーが、毎年落ちて土に還るのです。なんとぜいたくなことでしょう。

インド（いまではパソコンのテクニカルサポートセンターに電話をかけたり、航空会社に予約の電話を入れたりするとつながる場所です）には飢えた子どもたちがいるのだから、ものを無駄にしてはいけませんよ、と、思慮深い母親はわたしたちを諭したものです。それにもかかわらず、この宇宙は真に驚くべき仕組みで動いています。宇宙はすべてを驚くほど大量に生み出し、使われなかったものは再循環させて、後で新しいすがたに変えて登場させるのです。すべては与えられ、失われるものは何もありません。

なんと無駄がないのでしょう。

このよくできた計画のおかげで、果てしない豊かさが保証されているということです。存在するすべては、無限に続く再生と増殖の因子を宿しています。ひとつのマンゴーの種子から、最終的にはいくつのマンゴーが実るでしょうか？　その数は無限大です。しかも、元はたったひとつの種です。なんと先見の明に満ちた、信頼のおける計画性でしょうか。

わたしたちが与えられていることに気づいて受けとるものよりも、はるかにたくさんのものが与えられているのです。

本書の意図は単純で、これ以上ないほど現実的です。あなたに感じていただきたいのです――この世がどれほど満たされているか、あなたはどれだけたくさん所有することができるか、どれほど多くを受けとるに値するか、これまで聞かされてきたよりもどれだけたやすく多くを得ることができるか。方程式のほんの一部を理解すれば、残りの部分もいずれ腑に落ちるはずです。

とはいっても、こんな疑問が湧いてくるかもしれません。実際にアジアで飢えている子どもたちについてはどうなのか？　アフリカでエイズのために死んでいく罪なき人々は？　ホームシアターの待つ心地よいわが家へ帰る人たちのかたわらで、都市の階段にうずくまって眠るホームレスは？　裕福で権力もあるけれど、内面は魂の飢えで死にかけている人は？　第一、宇宙がそんなに豊かならば、なぜ月初めには大家の部屋の前をこっそり通らなければならないのだろう？　ほかにもたくさんの疑問があるはずです。

本書の目的は、物質的、感情的、経済的な貧しさを否定することでも、軽視することでも、見て見ぬふりをすることでもありません。わたしの目的は、そうした貧しさを終わらせる鍵をお伝えすることです。

豊かさを享受するヒント

1. いまあなたがいる部屋で、座るか、窓のところに行くか、してください。視界にはいるもののなかで豊富に存在していることが見てとれるものを五つ挙げてください。

2. 目を閉じて、頭の中の世界を探ってください。たとえばあなたの家、過去に訪れたことのある場所、読んだことのある場所、聞いたことのある場所、考えたことのある場所や、見たことのある写真の風景などです。考えつく中でいちばん豊かなものは何ですか？

3. 少なくとも三回、異なる回答で下記の文章を完成させてください。

自分の夢をすべて実現してくれる豊かな宇宙にいるとわかっていたら、わたしは○○するだろう。

✖アファメーション

わたしは限りなく豊かな宇宙に生きています。人生はわたしが必要とするものすべてを与えてくれます。

すでにじゅうぶんある

欠けているものは何もないと気づくとき、世界のすべてはあなたのものだ。
＊老子

ベストセラー作家の著名な講演家と食事をしたときのことです。話題がお金のことになりました。すると彼は「お金はじゅうぶん」と、さらっと言うのです。「もうこれ以上は必要ない」

わたしが最初に抱いた感想はこうです。「そりゃそうでしょう。なにしろ一回の講演で二万ドル稼ぐんだから！」。でも、そんなありふれた感想を抱いた後で、わたしは改めて大切なことに気づきました。この人がじゅうぶんなお金を持っている理由は、自分の持っているものがじゅうぶんだと「決めた」からです。ほかの誰かが、「お金はじゅうぶんにある」と言うのを聞いたことはありません。ほとんどの人が、自分にはじゅうぶんなお金がないと思い込んでいます。何百万ドルも資産のある金持ちであっても、本人はじゅうぶん裕福だとは思っていません。いっぽうで、数ドルしか持っていなくても、完全に満足しているというよって決まります。

人々もいます。わたしがその作家の言葉から学んだことは、「じゅうぶん」とは数の問題ではないということです。じゅうぶんかどうかは、考え方、感じ方、ものごとをどう見るかによって決まります。

ＣＮＮ創業者のテッド・ターナーは、国連に一〇億ドルを寄付するとき、「お金は世の中にあふれている」と言ったそうです。この言葉に憤慨するのは簡単です。「あなたはそう言えるでしょうよ、何十億ドルもあるんだから！」。でも、よく考えてみましょう。テッド・ターナーがお金は世の中にあふれていると思うのは、自分が金持ちだからでしょうか？　それとも、彼が金持ちなのは、お金はいくらでも手に入るものだと信じているからでしょうか？　真実は後者です。

本当に裕福な人は、じゅうぶんであるという満たされた感覚を抱いています。どんな考え方も、二種類あるエネルギーの流れのどちらかに分類できます。その二種類とは、「じゅうぶん」か、「じゅうぶんでない」かです。「じゅうぶん」であることに気づき、言葉にすればするほど、さらに「じゅうぶん」な状態となります。「じゅうぶんでない」ことに意識を向け、それを言葉にすればするほど、ますます「じゅうぶんでなく」なります。わたしが食事をともにした作家は、一定レベルの富や名声を得るまで心のやすらぎを犠牲にする（リラックスするのを待つ）人ではありませんでした。彼はいまこの瞬間、くつろいだ心でいることを望んでいました。だからこそ、彼の本を読んだり、講義を聴講したりする人は、お手本（ロールモデル）としての彼に大きな影響を受けるのです。

豊かさに対する満足感は、外界のできごとによって決まるものではありません。そうではなく、自分がどんなヴィジョンをとおして人生を眺めるかで決まるのです。あなたが選択すれば、いまこの瞬間、あなたはそのままで豊かになれます。いまあるものに不平を唱えたり、欲しいものが手に入らないと不満を言ったりすると、宇宙がその言葉どおりにあなたを扱うので、さらなる不満の種が芽生えます。いまあるものに喜んで感謝するなら、宇宙はその言葉どおりにあなたを扱い、ますます喜びの種が増えます。銀行口座の金額を増やすには、まず、満たされた心でいるという習慣を身につけることです。

経済的に苦しかったり、請求書がたまっていたり、大きな借金を抱えていたりして、金銭的に満たされていると感じることがどうしても難しい場合には、人生ですでに手にしているほかの種類の豊かさに目を向けましょう。「豊かさ」というパイがあるとしたら、金銭面の問題はそのほんの一切れをあらわしているにすぎません。銀行口座の数字を見て自分が豊かではないと思うことは、一片の雨雲が浮いているからといって、無数の星が輝く壮麗な夜空の美しさを認めないようなものです。

すでに手にしている富に意識を向けることで、豊かさの感覚を拡大しましょう。健康であること、自然の美しさ、実りある友情、愛情あふれる家族、生き生きとした創造性、インスピレーションの源、刺激的なアイデア、出会う人々の親切など、ほかにも多くのことに豊かさを見いだすことができるはずです。いまこの瞬間、いろいろな面で、あなたはすでに億万長者です！

聖書にはこうあります。「持つ者にはさらに多くが与えられ、持たざる者からはさらに多くが失われる」。これは一見、なんとも不公平な宣告に思えます。なぜ、豊かな人はますます豊かになり、貧しい人はますます貧しくならなくてはならないのでしょう？　でも、この言葉は意識についての原則をわかりやすく述べています。エネルギーは、意識を向けたほうへ流れるのです。裕福な人々は豊かであることを思い、貧しい人々は貧しさのことを考えます。何を持っているかは重要ではなく、何に目を向けるかが重要です。豊かであると考えれば裕福になり、貧しいと考えれば貧乏になります。電気の法則や重力の法則と同じように、引き寄せの法則もまったく人を選ばず、えこひいきはありません。どんなふうに引き寄せの法則を使おうとも、その実現に向けて法則は働きます。

自由意思とは、経験するものごとを、自分の考えで自由につくりだせるということです。あなたは宇宙の法則を変えることはできませんが、いったんその仕組みを理解すれば、その法則を利用することができます。

満足とは、いまいる場所にとどまり続け、それ以上を求めず、現在のやり方をまったく変えないことでしょうか？　寒い冬の夜に風でドアが開いたら、そのまま放置して、ベッドに雪が降り積もるにまかせたりするでしょうか？　誰もそんなことはしません。満たされているという感覚を保つには、幸せ（ハッピー）を感じながら意欲的（ハングリー）であることです。いまあるものに感謝を捧げながら、自分の世界を広げてくれる冒険を楽しむ心を持つのです。

向上を求めて努力するのは、窮乏のせいでも、欲のせいでもありません。成長と進歩こそ、生命の本質だからです。すべての存在は成長を望み、また同時に、いまこの段階で完全無欠でもあります。「完全無欠」とは到達する場所のことではなく、進みながら道を楽しむいまの姿勢のことです。

苦しまずに豊かさを享受するには、まず、あるがままの道を否定せずに受け入れて歩むことが重要な第一段階です。いつでも、いまいる場所にすでに喜びがあり、またいつでも、その次の段階の喜びがあなたを待っています。いまの自分であることを完全に肯定し、同時にさらなる向上の可能性を完全に肯定しましょう。

じゅうぶんにあるのは、いまこのときです。

豊かさを享受するヒント

1. じゅうぶんに持っていると感じるものは何ですか?

2. じゅうぶんに持っていないと感じるものは何ですか?

3. 数分のあいだ、人生においてあなたを豊かな気分にしてくれる要素に集中しましょう。あなたはどれくらい豊かですか?

自分が豊かであることに気持ちを集中した後は、どんな感じがしますか?

4. 心の中で、ハッピーとハングリーの快適なバランスを探りましょう。あなたが幸せを感じることは何ですか? もっと欲しいと思うものは何ですか? いまいる場所において完全にあるがままの自分であり、また同時にさらなる高みに手を伸ばしているときは、どんな感じがしますか。それを自覚しましょう。

アファメーション

わたしは満ち足りています。じゅうぶんに持っています。
わたしは愛情と喜びの体験を糧（かて）にして、さらに多くを手に入れます。

第2部 準備ができたものは手に入る

受け入れる準備のあるものは、すべて人生が与えてくれる。

結果は心のあり方についてくる

これまでの自分自身と、思考の組み立て方についてふり返ってみると、こんな結論にたどりつく。わたしにとって大切だったのは、知識を吸収する能力よりも、生まれつきの想像力だった。

＊アルバート・アインシュタイン

わたしたちが外の世界にものごとをつくりだす意思の源は、潜在意識です。心に抱く映像と、それにともなう感情は、強力な電磁石のようにエネルギー場を生じています。こうした内部のエネルギーが、それに見合う状況を引き寄せる結果、日々ものごとが起こります。

潜在意識という発電所は、現実と想像を区別しません。もしあなたが何かを思い浮かべることができて、すでにそうなっている、あるいはすでにそれを持っているとはっきり感じることができれば、潜在意識はその経験が事実であるかのように受けとります。催眠術で麻酔をかけられた患者が、皮膚に鋭い注射針を刺されても痛みを感じないのは、これが理由です。催眠術で強烈な熱さや冷たさの暗示をかけられると、火ぶくれができたり無感覚になったりすることもあります。また、摂氏六〇〇度を超える炭の上を歩いてもやけどをしなかったり、あがり症の人が大勢の聴衆を前に情熱のこもったスピーチをしたりすることもあります。多重人格の人がとる行動をみると、肉体は精神に従っているのだと思わざるをえないこともあります。たとえば、かんきつ類に対するひどいアレルギーがあり、かんきつ類を食べるとたくさんのじんましんがでる人が、もうひとつの人格ではオレンジを半ダース食べてもなんともないのです。ある女性は、ひとつの人格では糖尿病で多量のインシュリン摂取を必要としていますが、それは彼女の別の人格にとっては致死量ともいえる量です。潜在意識の力は、驚くほど強力なのです。

現代文化では、クリエイティブに将来を思い描く（ビジョニング）ことの力がほとんど有効活用されていません。それどころか、そのような妄想は好ましくないとみなされています。学校では授業中に空想にふける生徒を叱りますが、むしろ目標達成の手段として想像力を活かすことを教えてはどうでしょうか。心理学者のパトリシア・サンは、空想にふけることでクリエイティブになる時間を学校で毎日設けたらどうかと提案しています。文章を書くこと、美術、音楽、スポーツ、ビジネスなど、何でもよいから自分の好きな分野で、生徒たちが心を自由に遊ばせて、眠っている才能を刺激するのです。生徒たちはこの習慣を大いに楽しむでしょうし、興味のある分野で飛躍的に進歩するうえ、問題行動は大幅に減ります。

何らかの分野で成功している人は、創造的な視覚化（ビジュアライゼーション）を活用していることが多いものです。ある世界的に名高いコンサートピアニストは、電車で座るといつも、指を鍵盤上で動かしているところを思い浮かべながら練習しました。あるバスケットボールチームは、心の中でフリースローを繰り返し練習して、実際に体を動かして練習したチームと変わらないほどシュートの成功率を高めました。囚人だったデイヴィッド・マーシャル・「カービン」・ウィリアムズは、独房に監禁されているときに、心の中で設計図を描いてカービン銃を発明しました。

たいていの人は、自分が意識を向けるものごとと、その後に起こるできごとが、本質的につながっていることに、まだはっきりと気づいていません。しかし、「心にはっきりとしたイメージを思い描くと実現する」という法則をしっかり理解して、並はずれた成功をおさめた人たちもいるのです。あなたも同じように明確な意志によるパワーを利用してみると、その法則が実感できるでしょう。

クリエイティブな映像を上映する映画館への入り口に立つには、まずリラックスすることです。不安だったり、イライラしていたり、ストレスを感じていたりすると、イメージを思い描くことはむずかしくなります。自分をイライラさせることをほんの数分でも忘れれば、すぐに潜在意識が動きだして、不健康で不満だらけの非生産的なものの見方からあなたを引き離し、大きな成功と充足感をもたらすイメージが生じてきます。

行動することは大切ですが、願望実現の設計図をくっきりと思い描くことはもっと重要です。もしいまの行動が自分の理想とうまくかみあわないなら、これ以上それを続けても事態がよくなることはありません。理想の状態をクリエイティブに視覚化することは、イライラしながら行動するよりもはるかに労力が少なく、しかも最適な方向へあなたを導いてくれます。無駄骨を折ったり、その日のいやなできごとを気にしたりするのはやめて、あなたの目的地を映しだす映画館のシートに座りましょう。

そうすれば、あなたはなにものにも負けません。

豊かさを享受するヒント

1. 自分の時間の何パーセント、エネルギーの何パーセントを費やして、やりたくないこと、うまくいかないことについて考えたり、話したりしていますか？
やりたいこと、うまくいっていることについて考えたり話したりするのに何パーセントを費やしていますか？

望む結果について考えたり話したりすることに費やす時間とエネルギーを、あと一〇パーセント増やしたら、人生は変わると思いますか？

2. あなたがこれまででいちばん大きな影響を受けた心の師は誰ですか？
その人はあなたの人生にどんな影響を与えましたか？

その人からあなたが学んだことは何ですか？

3. 家にある本や雑誌、家具、衣服、美術品などを見まわしてみましょう。ひとつひとつを見たときに、どんな気分がするかを感じます。元気が出ますか？ 憂うつな気持ちになりますか？ あなたを落ち込ませるものはありますか？ いやな気持ちにさせるものは手放して、元気になるもので身のまわりの空間を満たしましょう。

✖ アファメーション

わたしは映像（ヴィジョン）を思い描いて人生を創造します。

わたしが人生のよい面に焦点をあわせると、宇宙は人生をよい結果で満たしてくれます。

※——ぴったりの組みあわせ

クモの巣ができる前に、神は糸をお与えになっている。
＊米国議会図書館の天井に刻まれている言葉

フリッツ・クライスラーはすばらしい才能のあるバイオリニストで、ストラディヴァリウスを所有することが長年の夢でした。アメリカを訪れたとき、ニューヨークシティの音楽街へ行き、やっとストラディヴァリウスを売っている店を見つけました。

フリッツが店主にバイオリンの値段をたずねると、その金額が自分が貯めた資金の倍であることを知って、フリッツはがくぜんとしました。

帰国したフリッツが、友人や出資者を募って資金集めに奔走し、一カ月のうちには必要な金額を集めることができました。はやる心を抑えながらフリッツはもう一度その店に行って、じゅうぶんなお金を用意してきたことを店主に告げました。

「申し訳ありません」と店主は謝りました。「遅すぎました。数日前に裕福な収集家の方がおみえになって、ストラディヴァリウスが売れたところです」

それでもあきらめずに店主から連絡先を教えてもらったフリッツは、約束をとりつけてストラディヴァリウスの持ち主に会い、「このバイオリンを持つことが一生の夢なんです。なんとか売ってもらうことはできませんか？」と訴えました。

ストラディヴァリウスの持ち主は首をふって答えました。「お望みを叶（かな）えてさしあげたいところですが、わたしもこのバイオリンの価値はよく知っています。これはわたしのコレクションの中でもとっておきの品です。末永く愛蔵するつもりでいます」

「わかりました」とフリッツは言いました。「では、どうかお願いですから、ほんの一〜二分、このバイオリンを弾かせてもらえませんか。わたしにとっては本当に意味のあることです。一生その思い出を大切にします」

収集家は同意して、フリッツにバイオリンを渡しました。

フリッツは弓を手にとり、これが最後になるのだと思いながら、ありったけの情熱を込めてバイオリンを奏（かな）でました。そしてフリッツはバイオリンを持ち主に返すと、礼を言って帰ろうとドアに向かいました。

フリッツがドアの取っ手に手をかけたとき、バイオリンの持ち主が彼を呼び止めました。

「待ってください」と懇願するような声で彼は言いました。「本当に美しい音でした。わたしはこのバイオリンを、コレクションにするだけの目的で買いました。わたしが持っているよりも、あなたが持っているほうが、世界に音楽と幸せが増えるでしょう。バイオリンはあなたのものです。さあ、持っていってください」

誰に所有権があるかという社会的なルールにまさる、ひとつの深い真理があります。それは心による権利です。

あなたが何かを所有するのは、お金によってでも、紙きれによってでも、力によってでもなく、そのものへの愛によって、そのものとの結びつきによって決まることです。もし何かがあなたの魂に深く刻み込まれているなら、それはあなたのものです。誰が何を所有するかは外界のルールで決まっているようにみえますが、心による権利の法則はそれを超越します。

仕事や、環境や、人生のパートナーを引き寄せようと願うなら、思考と感情がその願望とぴったり釣り合っていなくてはいけません。あなたは望むものを愛している必要がありま す。自分がそれに値すると思っている必要があります。望むものを手に入れて喜びでいっぱいの生活をしているヴィジョンを描ける必要があります。苦労や緊張は必要ありません。望みを実現するために奮闘する必要などないのです。あなたはただ、その望みと一体になる必要があるだけです。心においても、感情においても、魂においても、あなたに真にふさわしいものとつながることで対象と一体になれば、それはあなたのものとなり、誰も邪魔することはできません。

これは、普遍的な法則です。『A Course in Miracles（ア・コース・イン・ミラクルズ）』（※訳注　ヘレン・シャックマン博士が内なるキリストの声を書き取ったとされる書物。世界中で多くの人々によって学習され、研究が進められている）では、「わたしは神の法以外のなにものにも支配されない」ことを思い出しなさいと教えています。人間がつくりだしたすべての法則の背後で、永遠に変わらない原則が完璧なかたちで働いています。意志の力があれば、当然そうあるべき結果が引き寄せられます。普遍的な原理の中にいる自分自身を感じましょう。そうすれば、あなたが望み、あなたにふさわしいものは、すべて愛の力によってあなたのもとへ引き寄せられ、あなたのものになるでしょう。

豊かさを享受するヒント

1．努力して達成しようとしたり、必死になって維持しようとしたりしている目標について述べてください。

2. あなたが懸命になって取り組むことには、どんな信念が反映されていますか？
「自分は本当にそれを望んでいるのか」「自分はそれにふさわしいのか」「この宇宙はその望みをかなえることが可能なのだろうか」と疑念を抱くことがありますか？

3. あなたはその目標をどれくらい愛していますか。どれくらい欲していますか。また、どれくらい自分にふさわしいと感じていますか？

4. あなたはなぜそれが欲しいのですか？
あなたはなぜそれにふさわしいのですか？

5. 人生がその目標を叶えてくれると信じることができますか？　目標を達成するための具体的なプロセスは人生がうまくとりはからってくれると信じることができますか？

✖アファメーション

わたしが自分の意思をととのえると、宇宙が手段をととのえてくれます。
わたしには夢を実現する力があります。

❖――とにかく売ってみたら？

あなたが魂の望むとおりの人間でいれば、
宇宙はあなたが望むとおりのものを与えてくれる。
＊エイブラハムの言葉（エスター・ヒックス＆ジェリー・ヒックス）

土地がなかなか売れずに苦労したことがあります。よい場所で、不動産市場には活気があり、売値が適正だったにもかかわらず、なぜかうまくいきませんでした。興味を持った見込み客があらわれても、売却までには至りません。わたしはどうしたらその土地が売れるかとあれこれ気をもみ始めました。

友人に困り果てていることを話して、売却にあたっていろいろと気にかかる点を並べたてました。隣人になるのだからよい人たちに買ってもらいたい、相場どおりの価格で売りたい、売却にかかる税金を最小限に抑えたい、などなど。わたしがすべての不安材料と検討課題を述べたてるのを聞いた後で、友人はズバリとこう言いました。「とにかく売ってみたら？」

彼女の言葉にわたしははっとしました。確かにそのとおりです。とにかく売ってみたらどうだろう？　突然わたしは気づきました。不動産を売却できるかどうかは、わたしがこれまで売れない理由にしてきた外界にあるたくさんの要因で決まるのではありません。売却できるかどうかは、わたし次第です。わたしはいろいろと気をもむことで目標から目をそらしていました。売ることを望めば、売れたはずなのです。

そのときはじめて、自分にその土地を手放す準備ができていなかったことに気づきました。

さて、売却に関する手配をしているうちに二カ月が経ち、あるとき親しくしている友人夫妻が遊びにきました。なにげない会話をしているうちに、奥さんがわたしにこんな話をしました。彼女には夢があって、それはハワイで牧草地に囲まれた丘の上に住み、雄大な海原を一望の下(もと)にすることだと。ふむふむ、なるほど。「いま聞かせてくれたような土地があるんだけど……」とわたしは切り出しました。

翌日、わたしは友人夫妻にその土地を見せました。彼女は夢の実現を目(ま)のあたりにして興奮しています。二人はわたしに希望の売り値を聞いてきました。わたしが金額を告げると、二人はその価格にすぐ同意しました。取引は一分ほどで完了です。記録に残る迅速な不動産取引でした。

あなたが経験するすべてのことは、あなたの思いが引き寄せたものです。はっきりした強い目的意識があれば、あっという間に、たやすく結果があらわれます。意図に反する疑念、怖れ、抵抗などの入り混じった思考を抱いていると、現実化はあいまいになり、実現に長い時間がかかります。

どんな目標を目指す旅も、車を運転するのと同じです。まっすぐ目標に向かっているときは、足が自然にアクセルを踏み込みます。しかし目標達成をよしとしない思考や観念があるとき、たとえば「本当にそうしたいのかわからない」「自分はそれに値する人間ではない」「前回やったときはだめだった」「これが実現したら人生が変わってしまうかもしれないのが怖い」といった迷いを抱いているときは、ブレーキに足がかかってしまいます。心の中の抵抗がほんの軽いものであれば、願望実現が少し遅れるだけでしょう。でも、抵抗が強いときには、願望の実現は困難です。精神的、感情的に堂々巡りを続けていると、あなたの車はときどきふらつき、不安定なドライブになります。

たいていの人は、目標に対してさまざまな要素が入り混じった思考を持っています。自分が何を望んでいるのかをはっきりと理解して、迷わずに行動を起こし、すぐに目標を実現させる人はまれです。しかし、相反する思考に直面したときは、本当に望んでいることが何かを判断し、望みを必ず達成しようと決意を新たにするための貴重な機会です。自分が抱いている疑念、怖れ、問題点を直視して、それらを乗り越えたうえで行動すると、はっきりとものが考えられるようになり、気力が充実します。自分がどんな人間で、何を求めているのかを、もっとはっきりと認識できます。すると、あなたのエネルギーがあなたの願望とぴったり合いはじめるので、大きな力を出せるようになります。すべてのプロセスは、外界で起こることにはほとんど関係がありません。重要なのは、あなたの中で何が起きているかです。

何かを真剣に欲することが、必ずしも緊張やフラストレーションの源になるわけではありません。むしろ豊かな力の源になりえます。ある目標を深く心に刻むと、その実現に向けて多くのエネルギーが呼び覚まされます。そのエネルギーがあなたの内部にある抵抗に衝突すると、そのショックは痛みを伴います。内部の抵抗を少しでも解放することができれば、エネルギーはあなたにとって有利な方向に働きます。成功するには、よいことを起こそうとするよりも、よいことが起こるに任せるほうがよいのです。いまこの瞬間にも、エネルギーの大河があなたの内部で流れ、夢の実現に向かっています。でも、あなたは大なり小なり、川をせきとめるダムもつくっています。ほんのちっぽけな水門を開けるだけでも、川が流れはじめて、行きたい場所へあなたを運んでくれます。

一分で不動産取引——それは、ほんの少し、水門をゆるめるだけで実現しました。

豊かさを享受するヒント

1. 実現には困難がともなう願望が何かありますか？

2. その困難は、願望の実現とは相いれない意図や矛盾する思考を反映したものではないでしょうか？

3. 実現させたいと言っている願望が実現しないことによって、何らかのメリットがありますか？

4. 望みを実現しようとするときに、混乱や失望や失敗が何かの役に立つでしょうか？

5. 以下の文章を完成させましょう。

わたしはいま、完全に心からの喜びをもって○○を受け入れます。

この文を声に出して言いながら、自分の心の中で何が起こるかに注意を向けましょう。

アファメーション

わたしが意図をはっきりさせれば、人生はそれに応えてくれます。決意が確固たるものであればあるほど、わたしはますます力強くなります。

足踏み状態を抜け出す

思考は花、言葉はつぼみ。
行動はそれに続く果実である。

＊ラルフ・ウォルド・エマソン

住宅のリフォームセンターをぶらぶらしていたときのことです。大理石仕上げの大きなアクアブルーの浴槽が目にとまりました。ゆったりと広めで、スタイリッシュで、背中マッサージ機能のほかにたくさんの機能がついていました。ほかのものとは比べものにならないくらい魅力的に見えて、わたしはすっかりとりこになりました。「この浴槽がいちばんいいですね」と店員に言いました。「これをください」

店員は「かしこまりました」と答えながら、首をふって笑っていました。「ただ、お届けには二～三週間かかります」

「なぜですか？」とわたしはたずねました。

「全く不思議です」と彼は答えました。「このモデルは一年以上ショールームに置いてあったんですが、数週間前までは誰ひとり興味を持たなかったんですよ。なんとか売ろうと思って、販促活動をしてみたり、販売員にインセンティブを提示してみたりしたんですがね。そのまま飾っておくか、損が出ても安値で売るしかないだろうと考えていました。

それが二週間前、ご夫婦でご来店になったお客様が、このモデルを購入してくださったんです。わたしたちは大喜びでしたよ。その次の日、また別の方がこのモデルを注文なさいました。これには参りましたね。そして今度はお客様がおみえになって、同じモデルが欲しいとおっしゃる。いったいどうなってるんでしょう！」

わたしにはその理由がよくわかりました。ここでも引き寄せの法則が働いたのです。心の中でその存在を信じると、結果が引き寄せられて現実になります。ある状況をどんな立場でとらえるかを心の中ではっきりさせると、たいていはそのとおりの現実を目にすることになります。その状態は、心に抱くイメージが変化するまで続きます。心が別のことを信じるようになると、今度はまたその新しい信念にみあった現実が引き寄せられるのです。

リフォームセンターのオーナーとスタッフが、毎日毎日、売れないという思い込みを思考という口座に貯め続けていたときには浴槽は売れず、客たちの反応も店側の予想どおりでした。いま動いていないものは、たいていそのまま動かないものです。皆が同じことを考えると、その影響力は絶大です。実際には存在しない限界が、存在しているように感じられます。何人かが一致してある状況を固定した現実としてとらえると、たいていはそのとおりの状態が続きます。

販売員たちのネガティブな思い込みを上回る熱意でその浴槽を気に入った客があらわれて店側の不安を消し去ったとき、店には浴槽の価値を信じる思いが新しく生まれました。それが「事実」を引き寄せ、さらに多くの現実をもたらしたのです。いま動いているものは、たいてい動き続けるものです。二人以上の人間がいっそう大きな可能性の実現を信じると、その可能性は実現します。

この力学がよくあてはまるのが、子どもを欲しがっていながらなかなか子どもに恵まれない夫婦です。いろいろな不妊治療を試しながら、今月も妊娠しなかったとわかるたびに、「赤ちゃんができない」という思考、感情エネルギー、心の動揺がどんどん強まり、ますます現実味を帯びていきます。そしてついには自分たちの子どもをあきらめて、養子をもらいます。するとどうでしょう。いくらもたたないうちに、妊娠して子どもを授かったりするのです。これは「赤ちゃんができない、赤ちゃんができない」という思いに集中していた思考とエネルギーが、「赤ちゃんがいる、赤ちゃんがいる、赤ちゃんがいる」という肯定の思いに集中先を変えたからです。

浴槽の場合でも赤ん坊の場合でも、外界にあらわれた他者によって思考はそれまでと異なる結果に集中することになり、集中を向けた先が新しい「現実」になりました。しかし、そのリフォームセンターも子どもを望んでいた夫婦も、購入客や養子があらわれる前に、自分たちで思考、感情、言葉の使い方を変えていたら、もっと早く願望の実現を引き寄せることができたかもしれません。外界の誰かが新しい注目の対象を与えてくれなくても、創造的なイメージを持ったり、祈り、アファメーション、瞑想を利用することで、自分で意識の向け方を変えることもできるのです。

どんなときでも、あなたは反応する人（reactor）か創造する人（creator）のどちらかです（二つの英単語を構成する文字は同じです。反応するときのエネルギーは、そのまま創造のエネルギーに使えるのです）。あなたは何に焦点をあわせて創造をおこないますか？　望みを実現しようとするときに、身のまわりのできごと、これまでの考え方、ほかの人たちのエネルギーに身を委ねて、望みが実現するまで待ちますか？　それとも、内部のヴィジョンが築き上げる世界に息を吹き込み、あなた自身の選択から自然と結果が生じるようにできるでしょうか？

あなたにはいつでも、思考と意図によって現実をつくりかえる力があります。新しい道を歩みはじめようと心の底から決めて、意識的にエネルギーをその対象に集中させると、古い現実が新しい現実に道をゆずる大きな転換点がやってきます。有効な手段がないように思えるときでも、思考がしっかりしていれば自分の世界を築いていけます。アルキメデスはこう言いました。「しっかりと依って立つ思考があれば、地球だって動かせる」

望まない状況が何度も発生して前に進めなくなったら、うまくいかないことばかりを考えるのをやめて、うまくいってほしいことにその思考エネルギーを向けなおしましょう。それまで買い手のつかなかった商品を求めて、四方八方からお客が集まってくるかもしれません。

豊かさを享受するヒント

1. あなたはこれまで自分が持つ大きな力ではなく、何らかの外部状況に身を委ねてきましたか？

ニュース、ゴシップ、他人の意見、他人が手にした成果、自分の過去の業績にどんなふうに振り回されて、それと似たような結果を生み出してきましたか？

2. 他者の意識に影響されるのではなく、自分の真実を守り続け、外界の思い込みや状況から自由でいられた経験を述べてください。

3. 次の表現の意味を、自分なりの言葉で説明してください。「あなたは他人の経験を材料にして何か新しいものを生み出すことはできないし、他人もあなたの経験から新しいものを生み出すことはできない」

✖アファメーション

わたし自身の価値ある選択から創造がはじまります。

わたしは、自分が心から望んでいることは実現可能で、手の届くところにあり、すでに実現しているかのように考え、感じ、話します。

※──賢い投資

資本があっても管理する頭脳がなくては何もできない。

＊J・オグデン・アーマー

ある日曜日の朝、おなかをすかせた女性が子どもをつれてニューヨークシティ教会の牧師をおとずれ、助けを求めました。礼拝がはじまるのを待っていた牧師は、彼女が朝食を買えるように二五ドルを渡しました。礼拝が終わるとまたその女性がやってきて、もっとお金をくださいと言いました。彼女も子どもも、おなかがすいたままだったからです。

「さっきわたしがあげたお金はどうしたのですか？」と牧師はたずねました。

「もうありません」と彼女は答えました。「宝くじを買いましたから」

金銭的な悩みを解決するのはお金ではありません。知恵なのです。お金より絶対的に大切なのは、お金をどう使ったらよいかを知ることです。賢くお金を使う方法を知らなければ、お金があっても役には立ちません。お金を適切な意識で管理できる人は、ちっぽけな種を手に入れただけで緑あふれる庭園に育て上げることができます。お金を管理する自覚を持たない人は、莫大な富を贈られても、浪費してあっという間に使ってしまいます。お金は諸悪の根源ではありません。すべての災(わざわ)いの源は無知です。

本書のテーマはお金もうけではありません。投資アドバイスをしてくれる本やセミナーならたくさんあります。本書ではお金に対する意識を確立することについて述べます。富についての考え方がしっかり身についていれば、お金は自然とついてきます。きちんとした自覚なしに手に入れたお金は、たちまちもとの場所へ帰ってしまいます。あなたの富もあなたの人生も、かじ取りをしているのは意識なのです。

宝くじ当選者に対する調査によれば、当選して大金を得ても、もともとの金銭的問題を解決できないどころか、経済状態が悪化する人が多いそうです。当選者は、分け前を欲しがる親類、友人、元配偶者たちを相手にせざるをえません。それに、真意を隠して求婚してくる人、ライフスタイルの劇的な変化、子どもが誘拐されないように気をつけることなどにも対応する必要があります。当選者の人格と価値観がしっかり成熟していないかぎり、深刻なかたちで裏目に出る危険性があるのです（自殺した宝くじ当選者は多いそうです）。いっぽうで、お金と人生に対する自分なりの姿勢を確立できていた当選者は、当選金を楽しみながら、ほかの人を援助するために使うこともよくあります。ある経済アナリストはこう結論づけています。「大金を手にする前から幸福だった当選者は、大金を手にしてからも幸福である。大金を手にする前に不幸だった当選者は、大金を手にした後も不幸なままである」

こんな理論があります（単なる理論を超えた実際的な意味をもつものです）。もし、すべての人が同じ取り分を受けとるように世界中のお金をすべて再分配しても、そのお金はあっという間にもとの所有者の手に戻って（あるいはもともと持っていなかった人の手から離れて）、また同じ割合で分散するだろうというのです（宝くじ当選者の多くは、五〜十年以内に経済状態がもとのレベルに戻るという調査結果もあります）。つまり、お金は原因ではなくて結果なのです。原因となるのは精神の働きであり、すべてはその結果です。

わたしには裕福な起業家の友人がいます。彼はつぶれかけたビジネスを買い取って、それを再建し、また売却してかなりの利益をあげました。彼に仕事とは何かとたずねると、こう答えました。「お金の通り道」。彼の所有するお金は、それを運用する彼の能力に比べたら重要ではありません。経済問題を解決する答えは、さらに懸命に働くことではなく、頭を使って働くことです。友人が、誰もが立ち直らせるのは無理だと考えていたビジネスを買い取って、うまく機能させる方法を見つけたのは、とても興味深いことだと思います。

つまり、そのビジネスが失敗だったのではなく、経営陣の能力水準もしくは事業に対する姿勢が結果を引き起こしたのです。何事も、失敗だと考えながら取り組むまでは、失敗にはなりません。思考の対象をシフトさせて、成功について考えましょう。そうすれば、あなたのもとには心配の種ではなく、宝の山があらわれます。

南アフリカのある農場主の話です。彼が所有していた土地は岩だらけで、土を耕すことができず、役に立ちませんでした。農場主は、ある男に二束三文で土地を売り渡しました。その男は同じ土地にはるかにすばらしい可能性を見いだしていたのです。買い手の名前はキンバリーでした――農場主が役立たずだと思い込んでいた土地が、世界的に有名なキンバリーダイヤモンド鉱山になったのです。可能性を見いだすための鍵として使える類の想像力がありまず。その力にじゅうぶん注意を払いましょう。

もっと賢く働くということは、たいていの場合、もっと楽に働くということです。全体像が見通せないほど仕事に忙殺されているようなら、一歩下がって全体像を思い浮かべるべきです。わたしの場合は、一〜一時間半ほど執筆を続けると、頭がぼんやりしてきて筆がすすまなくなり、疲れを感じます。以前は、それでもなんとか書き続けようとしたものですが、効率はよくありませんでした。いまでは、疲れを感じた時点で休憩をとります。外に出たり、軽食をとったり、ヨガをしたり、シャワーを浴びたり、何でもよいから体を動かしたりします。それから仕事に戻ると、また集中力が高まります。集中力はいつでも利用することができますが、自分なりにうまく管理して使いこなす必要があります。

がむしゃらにお金をかせぐことで、一時的にキャッシュフローの問題を改善することはできるかもしれません。しかし、すでに手元にあるお金をどう扱っているかをきちんと検証すれば、問題が永久に解決することもあるのです。そうすれば、宝くじをあてにする必要はありません。豊かさに対する内面の準備ができていれば、後は自然にうまくいきます。

豊かさを享受するヒント

1. あなたのお金の流れにはどんなパターンが繰り返しあらわれますか？
そのパターンには、あなたの心の中のどんな思い込みが反映されているでしょう？

あなたを新しいレベルに引き上げてくれるような、もっと発展的な考え方があるとしたら、どんな考え方でしょう？

2. いつもお金に困っていたり、お金を失ったりする人々のことを考えてみましょう。
その人たちがお金に対してどんな姿勢をとり、どんな信念を抱いているか説明してみましょう。

彼らが考えることと、彼らが現実化していることのあいだにはどんな関係性がみてとれますか？

3. いつも楽しんでお金を扱っていたり、金銭的に成功し続けている人たちのことを考えてみましょう。

その人たちがお金に対してどんな姿勢をとり、どんな信念を抱いているかを説明してみましょう。

彼らが考えることと、彼らが現実化していることのあいだにはどんな関係性がみてとれますか？

4. あなたに経済的、物質的援助を求めてくる人たちのことを考えてみましょう。

どうしたら、いちばんよい方法で彼らの役に立つことができますか？

5. もしあなたがいま経済的、物質的援助を必要としているとしたら、お金以外でいちばん役に立つものは何でしょう？

✖アファメーション

わたしは豊かさを受け入れる精神を磨きます。
そうすると、経済的、物質的な豊かさがごく自然にやってきます。
知恵を身につければ身につけるほど、わたしはますます発展します。

第3部 情熱は報われる

元気になることをしよう。

※――恋に落ちたときを見分けるには？

外の世界を見る人は、夢見ている。内なる世界を見る人は、目覚めている。

＊カール・ユング

長年のベストセラー『積極的考え方の力』の著者であるノーマン・ヴィンセント・ピール博士が、あるとき飛行機で若い女性のとなりに乗りあわせました。会話をするうちにピール博士が経験豊かで分別に優れていることがわかったその女性は、自分のジレンマを解決してほしいと博士に頼みました。

彼女はこう言いました。「二人の男性とデートを続けてきて、両方の人からプロポーズされているんです。どちらにイエスと言ったらよいか決められなくて。どうやって決めたらよいでしょうか？」

「簡単ですね」とピール博士はすぐに言いました。

「それなら教えてください！」女性は熱心に頼みました。

「どちらとも結婚するべきではありません」きっぱりと博士は言いました。

「なぜですか？」と驚いて彼女はたずねました。

「どちらと結婚したらよいかわたしに聞くということは、あなたはどちらも愛していないのです」というのが博士の答えでした。

自分にぴったりの幸福の源であれば、抑えきれない、まちがえようのない感覚があなたの中で共鳴します。理由などなく、自分でわかるからわかるのです――外界にいる誰かや何かによって説得されるからわかるのではありません。あなたの心という存在が、強くはっきりと主張するので、外界で確認したり確証を得たりする必要はありません。

自分の選ぶ道がまちがっていないかどうか見極めたいのなら、それについて自分がどう感じているかに正直に従うことです。自分にあっているようだと感じるなら、その道にそって進んでください。自分には向いていないと感じられたら、その決定に従うのはやめましょう。何かについて考えたときによい感情が湧いてこないのなら、それを実行してもよい感情は湧いてきません。考えるだけで幸せを感じるようなことならば、実行することでさらに幸せを感じるでしょう。

心の声はあなただけにわかる方法であなたに話しかけています。心の声が語りかけているという感覚は、ある人にとっては、お気に入りの曲を聴いたときのようなやすらぎや安心感です。別の人にとっては、わくわくしたり、うきうきして生命力が増してくるような感覚です。鳥肌がたったり、うなじの毛がさかだつといった本能的感覚でわかる人もいます。

自分がどんな方法で心の声を感じるのかを知って、その声に従って行動しましょう。あなたの喜びと一致することだけを実行して、不快さを感じる行動は避けましょう。熱意を感じるかどうかによって行動するかしないかを決定すれば、仕事においても人間関係においても、新しい段階の喜びと成功に達するはずです。

何を選択したらよいかわからないときは、もっと強く何かを感じるまで待ちましょう。問題は一時脇に置いておいて、あなたの中にいる賢者に導きを求めて、耳を澄ませて、サインを見逃さないように気をつけていましょう。夢の中で問題の本質に気づいたり、友人がキーワードを口にしたり、書籍の紹介文を読んで興味をひかれたりするかもしれません。ふと目にした雑誌広告のキャッチコピーが、あなたにとってそのものずばりの回答ということもあるでしょう。どのように答えがもたらされようと、どんな示され方をしようと、答えはやってきます。あっという間かもしれないし、しばらく時間がかかるかもしれませんが、答えはいちばんぴったりした方法で、完璧なタイミングで届きます。

ほかの人たちに忠告やアドバイスをもらったり、相談に乗ってもらったりすることはできますが、その助言があなたにとって役に立つのは、彼らがあなたの内なる存在と共鳴しているときだけです。試しに助言を聞いてみて、あなたにあうと感じられて人生を高めてくれる助言だけを受け入れましょう。あなたには本質的な判断力が備わっているだけでなく、内なる存在が愛情を込めてあなたを導いています。

わたしたちはこれまで、世界を探しまわって答えを見つけなくてはならないと教えられてきましたが、答えはいつでも自分の中に存在しています。ジャコウジカの伝説を知っていますか。ジャコウジカは魅惑的な香気が発する源を求めて、数多くの山や谷をさまよい歩いたすえ、ついにその香りが自分自身から発せられていることに気がつきました。わたしたちもまた、導きを得ようと懸命に努力したり、助言を求めて多くの時間を費やしたりする必要はありません。自分の選択とともに生きていくのは自分なのですから、自分の心に従って選択することです。

ピール博士が若い女性に言った言葉を思い出しましょう。愛していれば、あなたにはそれがわかります。愛していないなら手放すこと。答えは自分自身が知っています。

自分自身を信じること。心の琴線（きんせん）は、誰の心の中でも力強く振動している。
――ラルフ・ウォルド・エマソン

豊かさを享受するヒント

1. 決断を迫られている場面で、どうしたらよいかはっきりわかっていたときのことを考えてみましょう。どんな状況でしたか？
自分が何をすべきか、どうやって感じた（わかった）のですか？

2. あなたはどんなふうに自分にとっての「イエス」をイエスとして認識しますか？
（たとえば、心が落ち着く、ぞくぞくする、暖かさを感じる、など）

3. いま決断を迫られていることについて検討してみましょう。

考えうる選択肢の中で、いちばん現実味があって生き生きと感じられるのはどれですか？

いちばん力と自信を持って行動できるのは、どの選択肢に従ったときですか？

自分の本心にもっとも近いのはどの選択肢ですか？

✖アファメーション

わたしの内なる存在は、いつでもわたしにとっていちばんよいことを知っていて、理想的なやり方でわたしを導いてくれます。
わたしは自分の中の真実を信じて、その真実を実現するために心を開き、真実に従いながら自信を持って行動します。

※――それだけの価値がある

我が君、己を愛することは、己を無視することにくらべたら、たいした罪ではありませぬ。

＊ウィリアム・シェークスピア

わたしたちはビバリーヒルズ・ホテルのポーチに車をつけました。レンタルしたシボレー・キャバリエは、車道に沿って並ぶ一群のジャガーやポルシェに比べると場違いに見えます。友人でミュージシャンのチャーリー・スウィートとわたしは、顔を見あわせて苦笑しました――ハリウッド映画からそのまま抜け出したような光景だったからです。

タキシードを着た駐車係がチャーリーのためにドアを開けてくれたので、チャーリーは財布に手を伸ばして五ドル札を渡しました。それからチャーリーとわたしは、早朝エンパワーメント・ミーティングでプレゼンターを務めることになっている会議室へと向かいました。

ミーティングの後、チャーリーとわたしはホテルのレストランで朝食をとりました。メニューに価格表示がないのは、高級レストランなら当然というところでしょうか。チャーリーになるかな？」

は注文をしてから、ウェイターにこうたずねました。「追加でベーコンを頼んだらいくらに
「五ドルでございます」ウェイターはうやうやしく答えました。
チャーリーはしばらく考えてから言いました。「やめておくよ」
ウェイターが立ち去ると、チャーリーはがっかりしているように見えました。とても真剣に何か考え込んでいましたが、突然ひらめいたように顔を輝かせて、「大切なことに気づいたよ」と言いました。「車を預かってくれた駐車係にチップの五ドルを渡すのはなんでもなかったのに、同じ金額を自分がどうしても食べたいものに使うとなると、こんなにためらうんだ。僕は自分よりもあの駐車係のことを大切に考えたということさ」。チャーリーはウェイターを呼び戻して、ベーコンを注文しました。

わたしたちはたいてい、自分自身よりも、他者を気づかったり支援したりすることに情熱的になります。他者の必要とするものを理解して、それをできる限り叶えてあげることはすぐにできるのです。でも、自分自身のニーズを満たす場面になると、ためらいが発生します。このバランスの悪さを正して、自分にもっと敬意を払う必要があるのです。
「汝のごとく汝の隣人を愛せ」という黄金律は誰でも知っています。でも、隣人を愛すほどには自分自身を愛さないとしたら、この理念を生きていることにはならないでしょう。自分

自身も他者と同じように気づかうことができれば、すばらしいやすらぎと解放感がもたらされるはずです。

自分の喜びに従うのは、身勝手さや利己主義のあらわれだとして避けようとする人が多いのですが、そういった人たちは自分が利己主義とはほど遠い位置にいることをわかっていません。傲慢（ごうまん）という問題を抱える人よりも、自分には価値がないという無価値感に悩まされる人のほうが世の中にはずっと多いのです。自分には価値がないという感覚を癒すには、自己愛を実践することです。人生におけるすべての機会や、あなたがとるすべての行動は、あなたの心を満足させるためのチャンスだと考えましょう。

あなたが使うお金を自分への投資だと考えてみましょう。つまり、あなたは信頼する企業の株を購入しているということです。自分にある膨大な潜在能力を認めて、これからの業績の第一歩に投資したいと考えているのです。ある女性がこう言うのを聞いたことがあります。「わたしは夫のことをとても愛していますから、彼がそれで幸せになるとわかっていたら、どんなことでもします」。もしあなたが自分自身への深い恋に落ちて、「あなた」が幸せになるためならどんなことでもするとしたら、とても強力なパワーを駆使できるのではないでしょうか。人生はまさにそのようにあなたを愛していますし、あなたが自分自身を大切にすることを望んでいます。あなたが自分を深く愛すればするほど、宇宙はますますはっきりとあなたの優れた価値を肯定します。そしてあなたは生涯続く恋愛関係を楽しみながら、理想的なかたちでとても豊かな満足感を得るのです。

豊かさを享受するヒント

1. ほかの人にしてあげたことで、自分のためだったらやらなかったことは何ですか？
2. 自己中心的すぎると思いながらも、自分のためにしたいことはありますか？
3. もしあなたがもうすぐこの世に別れを告げるとしたら、何をしておけばよかったと思うでしょうか？

それをいま実行するためには何が必要ですか？

✖アファメーション

わたしは、わたしにとっていちばん大切な人たちと同じくらい自分を愛します。

わたしは、自分が心から望むことのすべてにふさわしく、またそれ以上の価値があります。

※――あなた自身でいれば報われる

世の中が必要とすることを自分に求めるのではなく、自分を生かすことを求めてください。そしてひたすらそれを追求するのです。

なぜなら、世の中が必要としているのは、生き生きとした人々だからです。

＊ハロルド・ホイットマン

デイヴ・バリーが中学生だったころ、彼はクラスのおどけ者で、授業中にジョークをとばしてはトラブルの種になっていました。ある日、デイヴは担任の先生にこう叱られました。

「もっと、真面目にやりなさい。デイヴ・バリー――冗談を言って生きていくわけにはいかないんだから」

それから四十年以上が経ったいま、デイヴ・バリーはアメリカでいちばん売れっ子のユーモア作家です。多数の新聞にユーモアコラムを連載しているだけでなく、多くのベストセラーも書いています。ついでにピューリッツァー賞も受賞しています。

中学校の先生が言ったことは見当違いでした。デイヴ・バリーはまさに冗談を言うことで生活していますし、それで大成功しているのです。彼は何百万人もの人々に笑いをもたらし、人生でつらい状況のときにも深刻になりすぎないように導いてくれます。わたしたちがもっと心からの人生を生きられるように、刺激を与えてくれているのです。

不安を抱える人たちは、なぜ安全で常識的に生きるべきか、あらゆる理由をつけてあなたに言い聞かせます。芸術の道に進んでももうからない、と言ったり、そのばかげたリングをヘソからはずしなさいとうるさく言ったり、家業を継ぐようあなたをなだめすかしたり、彼らを悩ませている健康問題をあなたも患う(わずら)のではと心配するようしむけたりします。そういった人たちの恐れに調子をあわせていると、あなたも彼らのようになります。つまり、生けるしかばね、もしくは、不安を抱えて生きる人になるのです。そうではなく、それをすることが本当に幸せで、心から興味を持てることに熱中し続ければ、人生はあなたにすばらしい方法で報いてくれます。

他人があなたにまちがっていると言っても、あなたにとっては正しいことかもしれません。了見が狭い人々は、強い個性に欠陥というラベルを貼りますが、その個性が実は財産だったりするのです。あなたが自分の個性に敬意をはらうとき、その個性があなたを次の段階へと導いてくれます。

ドナ・リンという女性は、管理職という立場に疲れ果てたと感じると同時に、もっと大きな職業的満足感を得たいと願っていました。ある晩、残業をしていたドナ・リンは、トイレに行ったときに、夜番の清掃員がまだ使えるトイレットペーパーのロールを捨てていることに気づきました。ドナ・リンは、これを貴重な資源の無駄づかいだと考えて、それを集めて地域のホームレスシェルターへ持っていきました。やがて、その慈善行為がとてもやりがいのあることだとわかったドナは仕事を辞めてボランティアになりました。それから彼女はボランティアのとりまとめ役になり、ついには市内全域にまたがるボランティアエージェンシーで有給のディレクターとして採用されました。ドナ・リンの仕事はとても成功したので、彼女は全国的に有名になり、大変優れた活動に贈られる奉仕賞の対象となってワシントンD.C.に招かれ、そこでクリントン元大統領夫妻から表彰されたり、歴代の大統領夫妻に会ったりしました。すべてはトイレットペーパーを見て思いついたことの結果です。トイレットペーパーのことを気にするなんてくだらない、と思う人もいるかもしれません。でも、それがドナ・リンをやりがいのある新しいキャリア、すばらしい成功、有意義な社会奉仕へと導いたのです。

この世でいちばん難しいことは「自分ではない何かになろうとすること」、いちばんやさしいことは「自分自身でいること」です。単純すぎるように響くかもしれませんが、複雑な心には、単純になることがいちばんの解毒剤(げどくざい)かもしれません。ある賢者の言葉です。「真実とは単純なものである。もしも複雑だったら、誰でも理解できただろう」。自分が誰でどこへ導かれているかを感じることを、決して否定したり、過小評価したり、軽視したりしないことです。自分らしさが失われたり、必要以上に他者の思惑に従って生きることになるようなアドバイスや意見は、決して真に受けないことです。あなたが自分自身を押し殺すと、あなたが人生にもたらすことのできるすべても押し殺されてしまいます。デイヴ・バリーが批判的な先生の言うことを信じなくてよかったと思いませんか？　先生はピューリッツァー賞を受賞しませんでしたが、彼は受賞したのです。

豊かさを享受するヒント

1. 人から批判を受けるあなたの個性を挙げてみましょう。

1

2

3

2. 自分のどんな性格に対して自己嫌悪に陥ることがありますか？

1
2
3

3. そうした性格の特徴は、どんなふうにほかの人の役に立つ可能性がありますか？

【特徴】
1
2
3

【どんなふうに役立つか】
1
2
3

4. たくさんの天才や偉人たちが変わり者だと考えられているのはなぜだと思いますか？

5. あなたがやりたいことを、お金をもらってやっている人の名前を挙げてください。

彼らの知識や生き方から、あなたが学ぶことのできる部分はどこですか？

✖アファメーション

わたしは自分のユニークさを喜び、それを自由に表現します。

人生はわたしが自分自身であることを応援してくれます。

✿――それを「しない」でいられるか

自然本来のエネルギーから何かをするよう告げられたら、
ああだこうだと細かいことは気にするな。

＊映画『フィールド・オブ・ドリームス』より

わたしのオフィスでアシスタントをしていたノエルは、資格をとって先生になることが長年の夢で、そのために専門学校に通うことをたびたび考えていました。でも、彼女にはこの道が自分にとって正しい道なのか確信が持てず、どうすればその夢を実現する勇気を出せるのかわかりませんでした。その学校はとても遠いので、現在の仕事や友人、家族から遠く離れてすごすことになるのです。

ある朝、オフィスにやってきたノエルの顔が輝いていました。「わたし、行くことに決めました」と彼女は笑顔でわたしに言いました。

ノエルがすっかり心を決めていることは、一見してわかりました。「どうして心を決められたの？」とわたしはたずねました。

「行くことについて考えるのをやめられなかったんです。ゆうべはとうとう、自分にこう聞いてみました。『行かないでいられるかしら?』。それで、行かずにはいられないと自覚したんです。わたしはずっとこのコースを履修することを考えていましたし、その考えは心のドアをノックし続けていました。そのノックがだんだんと強くなっただけです。きっと理由があるんです。人生の最後でする後悔は、やったことに対する後悔よりやらなかったことに対する後悔だそうですね。このコースをとらなかったら後悔することはわかっています。だから、今朝、電話をかけて申し込みました」

ノエルは外国へ行き、コースを履修して、資格をとりました。そしてある男性に出会って結婚し、いまでは幸せな家庭を築いています。彼女は自分の直感に従ったことに心から満足しています。

『The Dragon Doesn't Live Here Anymore（ドラゴンはもうここにはいない）』を自費出版した直後、わたしはどうやって本のことを宣伝すればよいかわからずにいました。出版業界のことは何も知らなかったし、出版ビジネスにも興味がなかったからです。

そんなとき、『A Course in Miracles（ア・コース・イン・ミラクルズ）』の関連書籍を専門に扱う販売業者のカタログが目にとまりました。わたしは『コース』を学んでいましたし、『The Dragon Doesn't Live Here Anymore』でとりあげた題材のかなりの部分は『コース』に刺激を受けて書いたものでした。この会社ならいいかもしれない、と思いましたが、自分から売り込むのは気後れがして、そのカタログをゴミ箱に投げ入れてしまい、そのマーケティング計画をお蔵入りにしました。

一週間後、友人から一通の郵便物が届きました。封を開けると、中にはわたしが捨てたのとまったく同じカタログが一部入っていました。「この会社に君の本を送るべきだと思う」と、友人は書いていました。

ＯＫ、わかったよ、ここにヒントがあるんだね。

わたしはその会社に連絡して、オーナーに自分の本を見せました。彼は『The Dragon Doesn't Live Here Anymore』を大々的にカタログに載せてくれて、主要取引先にも見本を渡しました。本はすぐに評判になりました。間もなくわたしは世界中から招待を受けて講演をするようになり、すばらしい人々に出会い、プレゼンターを務め、たくさん本を売り、それまでよりもずっと自分のキャリアに満足を感じるようになりました。短期間で、わたしの人生は大きく変わったのです。

何かあなたにぴったりのものがあって、あなたにとってもそれがとても大切なとき、宇宙はあなたの背中を押してあなたをうながし続けます。あなたは新しい一歩を踏み出すのを拒んだり、先延ばしにしたり、否定したり、挙げ句の果てに逃げ出したりすることがあるかもしれません。でも、ものごとや人間関係、活動、キャリアが、あなたの運命と一致しているとき、あなたは遅かれ早かれそれらを受け入れ、関わることになります。

もし、あなたがそれをすべきかどうか確信が持てなかったら、それを「しない」でいるようにして、どうなるか試してみてください。そうしたいという欲求が徐々に消えていくなら、それはひとつの答えです。でも、もしも内なる声がいっそうしつこく高まったり、それについて考えることをやめられなかったり、宇宙がその考えを「不意に」突きつけることが何度も続くなら、その呼び声に耳を傾けるのが賢い選択です。

直感でわかったことを頭であれこれ批判したり、軽視したりしないで、知恵の源から発せられているものだと考えましょう。たいていの場合、強い欲求を感じたのにはそれ相応の理由があったのだと気づくことになります。直感は筋肉のようなもので、使えば使うほど強くなり、自分にとっての喜びの道を識別することが、どんどん容易になっていきます。たいていは何らかの外的なサインによって、その直感が正しいことが裏付けられます。

どこか異質な世界からわたしたちに運命が授けられているとは思いませんが、わたしが信じているのは、わたしたちは特定の状況を自分自身に引き寄せているのだということです。その状況は、とても深いレベルで、自分を人生の道に沿って進ませるために自分自身が選んだ状況です。たいていの場合、それを認めて、受け入れて、それに基づいて行動するまで、そうした状況はすがたをあらわし続けます。もし、何度もあなたの目の前にあらわれ、それをしたいと思い続けている何かがあるなら、そのことについて本気で考えてみてください。もしそれを「しない」ではいられないなら、愛に屈服するのは悪いことではありません。

豊かさを享受するヒント

1. 内なる声がしつこく聞こえ続けて、ついには人生における新しいレベルへあなたを押し上げるような行動をとるに至ったことはありますか？

そのとき、あなたの内なる誘導システムはどうやってあなたの注意をひきましたか？また、あなたはそのアドバイスに従うために何をしましたか？

2. そうしたいと感じはじめているけれど、その気持ちを抑えていたり、実行を先延ばしにしていることが何かありますか？

その感覚は徐々に弱まっていますか、それとも強まっていますか？

もしあなたがその気持ちに従うとしたら、何をすることになりますか？

3．内なる知恵に波長をあわせるのを助けてくれるような精神的な習慣が何かありますか？

その内なる知恵とつながると、どんなことが明らかになるでしょう？

アファメーション

わたしは、自分が選んだ運命からの呼びかけに心を開いて、それを受け入れます。

わたしの愛と情熱が、自分にとって最高の幸福へとわたしを導いてくれることを信じます。

✽――アップグレード

一歩を踏み出せ！　行動を起こせ！
きっと驚くだろうが、その努力を成し遂げると、
あなたの力は尽き果てるどころか、倍増している――
そして、次に何をしたらよいかが、
はっきりと見えてくる。

＊フィリップ・ベルニエ

ハワイでおこなわれるマスタリー・トレーニングに参加することを考えていたジャナと話したとき、彼女は参加費のために貯金を使うのが不安なのだと言いました。「数千ドルしかないので、この旅行に行ったら手持ちのお金をほとんど使い切ってしまうことになります」

「いまどんな調子ですか?」とわたしは彼女にたずねました。

「あまりうまくいっていません」と彼女は深刻な面持ちで言いました。「いまの仕事が好きではないし、体調があまりよくなくて。恋人もできませんし」

「失うものは何もないようですね」とわたしは彼女に言いました。自分が抱える問題について話したジャナは、何であれ、状況を改善するためにできることなら投資する価値があると考えて、トレーニングに参加することにしました。

トレーニングに参加した彼女は、自分に価値があることを理解して、エネルギーに満ちた大きな変化を体験しました。セミナーの最終日、ジャナはわたしに言いました。「航空会社に電話して、帰りの便の席をファーストクラスにアップグレードするといくらかかるか聞いてみました」

「航空会社は何と言いましたか?」とわたしは聞きました。

「八四二ドルです」と彼女は言って、それからにやりとしてこう付け加えました。「それでお願いしますと言いました」。ジャナが自分自身の価値を信じるという理念を実行に移していたので、わたしはわくわくしました。

数週間後、わたしはジャナと電話で話をして、帰りの旅はどうだったか聞いてみました。ジャナはこう言いました。「ファーストクラスは最高でした! 一晩の飛行のあいだじゅう起きていて、無料のカクテルをゆっくり飲みながら、広いシートを思う存分堪能しました。これからはずっとファーストクラスに乗るつもりです」

ジャナは続けました。「家に帰ると、奇跡が起きたんですよ。すっかり忘れていた退職金があることに気づいたんです。残高は数千ドルあったので、旅行の費用をすっかりカバーできました。ファーストクラスへのアップグレード料金も入れて！」

金銭的にぎりぎりだと思う何かを計画するときには、お金を失うものとして考えるのではなく、その金額があなたやあなたの計画にどれだけ価値があるかを証明しているのだと考えましょう。かつて、ルイーズ・ヘイは『Heal Your Body（身体を癒す）』という小冊子を書いて、思考、病気、治癒のパターンがどうつながりあっているのかをまとめました。この小冊子が評判になったので、ルイーズは新しい版を自費出版することに決めました。地元の印刷業者にページを印刷してもらって、母親の手を借りてホチキスで製本したのです。ある晩、二人で居間に座って冊子を綴じていると、母親がこう提案しました。「電動ホチキスを買ったらどうかしら？」

「あら、七五ドルもするのよ、ママ」とルイーズは答えました。「そんな余裕あるかしら？」

しかし、電動ホチキスのことを考えてみると、これこそルイーズ自身が説いている理念を実践する絶好の機会になるという気がしました。彼女は電動ホチキスを購入しました。その後はご存じのとおりです。ルイーズの小冊子は『すべてがうまくいく「やすらぎ」の言葉』という本になり、世界各国でベストセラーになりました。ルイーズがはじめた出版社ヘイハウスは、ホリスティックヘルスの分野で絶大なる影響力のある会社に成長して、著名作家の作品を出版し続け、毎年何百万ドルもの利益をあげています。わたしが最後にルイーズを訪ねたとき、彼女は金色のロールスロイスでわたしを昼食に連れ出しました。

宗教や精神修養の世界では、欲望は切り刻んで捨てて、手に入ったものが何であろうとそれで満足するべきだといわれますが、わたしは、生きるとは安定することよりも発展することだと信じています。あなたがよりよい生活をしたいと望むのは強欲だからではなく、自然な成長の一段階です。生命は進化の流れによって、より洗練された、より大きな喜びの段階へと動き続けているのです。

ルイーズ・ヘイはロールスロイスを所有することで誰も傷つけていませんし、あなたが自分自身のためにいまよりよい状態を求めても誰も傷つけません。よい状態とは、飛行機でファーストクラスに乗ることかもしれませんし、心惹(ひ)かれる場所に住むことかもしれませんし、より深みのある親しい人間関係を築くことかもしれません。あなたがよりよい状態に進むと、あなたの生活はもっとずっとシンプルになる可能性があります。多くを所有する人たちはたいてい、ある時点で身軽になりたいと思うようになります。重要なのは、何を求めているかではなく、なぜそれを求めているかということです。もし現在の生活が本当の自分にあっていて、進むべき道からそれていないなら、誇りを持って歩み続けましょう。その先に何かあらわれたら、それを求めて手に入れましょう。ジャナはファーストクラスに乗っただけでなく、その費用も手に入れました。結局のところ、取引としては少しも悪くありませんでした。

豊かさを享受するヒント

1. あなたは一年間に支出する金額の何パーセントを楽しみや、お祝いや、自分をいたわることに費やしていますか？
その割合を増やす意思がありますか？　何パーセントまで増やせますか？

2. これまでに使ったすべてのお金の中で、いちばん記憶に残っている自分への投資は何ですか？

3. 喜び、自己表現、創造性にかかわるものや行動に限り使ってよい、という条件付きで大金を与えられたら、あなたはそのお金を何に使いますか？

きっと報われるという信頼のもとに、自分の価値を認めてお金を投資することを、いま考えられますか？

4．ほかの人が自分自身の喜びを追求することを援助してあげるためのお金がもっとあったら、誰が、何をするのを（もしくは何を手に入れるのを）援助したいですか？

✖アファメーション

わたしはやすやすとよい状態（グッド）からいっそう望ましい状態（ベター）に移り、さらに最高の状態（ベスト）に移ります。

わたしは自分が望むすべてを求め、宇宙はそれに応えてくれます。

第4部 つまらないことに骨を折ったり、骨の折れる仕事を大事にしたりしない

気楽にやろう。必死の努力はいらない。

——天下のまわりもの

いつでも、より豊潤な果実を実らせるのは慈悲であり、厳格な正義ではない。

＊エイブラハム・リンカーン

あるホリスティックヘルスセンターでおこなわれたイブニングセミナーで、講師を務めたことがありました。たくさんの参加者が集まり、セミナーが終わるときにはスポンサーから

一〇〇〇ドルを超える小切手を受けとりました。ところがその小切手を預金しようとしたとき、小切手は残高不足で返ってきました。

わたしはそのスポンサーに電話をして、事情をたずねました。彼女の説明では、センターが倒産しそうだが、小切手の支払いは履行するつもりだということでした。数週間後、わたしは彼女から手紙を受けとりました。会計士から約三年の分割払いにしたらどうかとアドバイスを受けたとありました。

少し考えて、無理に急(せ)かすのはやめようと思いました。彼女を追い回してそのお金を払ってもらうために、時間とエネルギーと精神力を費やしたくなかったからです。それでとりあえずそのままにしておきました。しかし、数カ月が過ぎ、自分の債務の支払いが心配になると、わたしはそのお金が支払われないことにイライラしました。一年が過ぎたとき、そのスポンサーに友好的な手紙を出して、支払いが可能かどうかたずねてみました。彼女によれば、いまだ経済状態が厳しいとのことでした。

その後、雑誌を読んでいたときに、先ほどの女性が別のセンターを開設して、またワークショップのスポンサーをしているという記事が目にとまりました。今度のセンターはうまくいっていて、あきらかに彼女は利益を出しているようです。ということは、わたしに対する支払いを済ませてもいいはずです。

わたしはむっとして、支払いを履行するよう催促する手紙を、強い調子で書き出しました。手紙は講演旅行に出発する日に書き終えましたが、最終的にどう対処するか決めるまで投函しないでおくようにとアシスタントに言っておきました。

講演旅行のあいだ、わたしはこの問題についての答えを引き出そうとしました。わたしの内なる助言者は、単に問題を忘れてしまうようにと言っています。彼女に支払いを強いるのは決して容易ではないでしょうし、どう考えても楽しい仕事ではありません。少しずつとはいえ、すでに三年間にわたってだまされたという嫌な気持ちを味わっていたので、これ以上この問題で心の平和を乱したくありませんでした。単純に忘れてしまって、前向きに生きたほうがずっと気が楽になるはずです。わたしはアシスタントに電話をかけて、手紙を破ってしまうように言いました。

その週、わたしは大勢の聴衆に向かってプレゼンターを務めました。報酬は参加者の人数によって決まります。聴衆の数をかぞえて、報酬はだいたい三〇〇〇ドルくらいになるだろうと思いました。しかし、プログラムが終わったときにスポンサーがくれた小切手は四〇〇〇ドルでした。先方に金額を確認しましたが、そのとおりでまちがいないとの返事が返ってきました。

わたしは苦笑しました。宇宙はわたしに、ものごとが巡り巡っているということを教えてくれたのです。ある場所では予期せぬ損失を被りましたが、別の場所でそれと同等の予期せぬ利益が生じました。予想外だったために、その収入はわたしにとってとても意味のあるものになりました。自分が公正さに対して抱いていた認識があまりにもちっぽけだったことに気づいたのです。宇宙は巧みなやり方で帳尻をあわせることができます。わたしが最初のできごとで「失った」お金は、別の扉から戻ってきました。

お金は天下のまわりものです。人生には帳尻をあわせる手段があります。わたしたちは自分で思っているよりもずっと大きなフィールドでゲームをしています。どうやって帳尻があうかは問題ではありません。最終的には宇宙がすべて面倒をみてくれると信じましょう。

お金のことで言い争うことは、たいていその価値以上の労力とエネルギーを費やします。あなたにとってお金はどれだけ価値のあるものですか？　あなたの幸せと同じ価値がありますか？　心の平和と同じ価値がありますか？　健康や人間関係と同じ価値がありますか？　あなたの人生と同じ価値がありますか？　お金のことで誰かを怖がらせたり罰したりしたくなったら、高圧的な態度をとることに本当にそれだけの価値があるのかどうか、自分自身に問いかけてみましょう。それはあなたが心から望んでいる結果をもたらしてくれますか？　いまの人生が幸せで快適であること、そしてその幸せを現実化している自分の能力を信じているのなら、時間とエネルギーをつまらないことに投資する気になるでしょうか？　そのかわりに、もっと心地よく楽しいと感じることをしたくはありませんか？

自分がやりたいこと、自分にふさわしいことを追求しましょう。あなたのつきあう人々が、取り決めた約束に責任を持ってくれることを祈りましょう。いつでも相手に誠実に接して、相手にもそうしてくれるように頼みましょう。自分の経済活動をきちんと把握しておくことも大切です。重要なのは、重要なことを重要なままに維持することです。内なる平和を最優先にすれば、あなたの会計簿の収支決算は深い場所で、絶妙な方法で帳尻をあわせるようにできています。

潮はまた必ず満ちる。
——ノーマン・ヴィンセント・ピール

豊かさを享受するヒント

1. お金のことで誰かと口論していますか？
   その過程で心の平和を失ったことがありますか？

もしあなたが心の平和を最優先で考えるとしたら、口論とは別の行動をとりますか？

2. 過去の金銭問題を気にしすぎると、現在を大切に生きることにどんな影響があるでしょうか？

3. 一時的にはどんな障害が生じても、いずれ人生が解決してくれるとわかっていたら、いまとは異なるどんな考え方や行動をとりますか？

4. 悩んでいたことを成り行きに任せたら、意外な解決策が浮上したことはありますか？

✖アファメーション

人生は驚くような方法でわたしの面倒をみてくれます。
わたしはどんな損失にもとらわれず、
予期せぬドアから思いがけない包装にくるまれてやってくる利益を受けとります。

まずリラックスすること

猛烈に努力すれば、未来で報われる。気を楽にすれば、いますぐ報われる。
＊作者不詳

たいていの人は自分がじゅうぶんに努力していないと思っていますが、実は本当に問題なのは、自分自身に厳しすぎるということです。いまの世の中では、ストレス、あまりにも高すぎる自分への期待、絶え間ない自己批判によって、内部から不自然なプレッシャーが生じて、自分自身を衰弱させてしまっています。あなた自身、あなたの財産、あなたの生活のためにできる最大の贈り物は、もっと自分に甘くなることです。

わたしのクライアントであるシェリーは大きな成功をおさめた人でしたが、大変なストレスを抱えていました。彼女は一流企業を興して、従業員と顧客の要望を常に誠実に満たそうとしてきました。でもシェリーはとほうもない重荷を負っているので、肉体的にも感情的にもかなり追い込まれていました。わたしとのコーチングセッションでシェリーは、「正気でない」出張スケジュールを予定しているので、助手を雇って負担を軽くするよう社員から勧められている、と言いました。シェリーは「そんな大変な旅を大切な人にさせたくない」と言って、その案を断ったそうです。わたしはこう指摘しました。彼女は大変親切にも他人にそのハードスケジュールを押しつけまいとしているが、そんな旅を、大切な人――彼女自身――にさせようとしている、と。なぜ、ほかの人にはさせたくないことを、自分には強要するのか、とわたしはシェリーに問いかけました。最終的にシェリーは、出張のための助手を雇うことにして、身体をいたわるという貴重なプレゼントを自分自身に贈りました。

いまの自分の力量を上回る目標を掲(かか)げて、それを達成しようと努力することが自分のためになることもあります。しかし、だからといってそれを言い訳にして無理をすれば、あなたは自分が成功するのを邪魔して、旅の喜びを台無しにすることになります。ストレスを抱えながら人並み以上にがんばっているクライアントから話を聞くと、彼らが不合理なほど自分に厳しい理由が、元をたどれば懲罰的な両親や身近な年長者にあることに気がつくことがよくあります。誰しも生まれたときから自分に批判的なわけではありません。すべての批判は、他者から学んだものです。自分自身を常に批判しながら、他人にその批判を投影することでしかその痛みを和(やわ)らげられない人が存在するからです。あなたを批判する声は、あなた自身のものではありません。前進し続けなくてはいけない、役目を果たさなくてはいけない、と強いる声もあなたのものではありません。その声に従い続けたら、あなたの命は絞りかすのようになってしまいます。

自分を叱咤激励するくせがあるとしたら、一晩でそれをなおすのは難しいでしょう。長年の習慣をやめるには、しばらく時間がかかるものです。リラックスという目的を達成するためにいつもの厳しい行動規範を適用しても、なかなかリラックスすることができないでしょう。あなたの中の批判者は、「いますぐリラックスしろ」と強要するかもしれません。それも完璧に、徹底的なやり方でやれ。それができないなら、おまえはみじめな敗北者だ——そんな耳慣れた決まり文句が繰り返されるのではないでしょうか（まるで「徹底的にこき下ろせば士気が向上する」という厳しいオフィス標語のようです）。

何事においても根を詰めすぎる傾向のある人は、どうしたら長年の習慣をくつがえして、人生のあたりまえの喜びと満足を感じられるのでしょうか。

まず、自分がこれまでやってきたやり方では、求める幸せは手に入らなかったということを認識してください。あなたが求めてきたのは、お金かもしれないし、名誉や権力かもしれません。または人にほめてもらうことでしょうか。やすらぎは求めてこなかったのではないでしょうか。内なる心のやすらぎを得てこなかった人は、お金、名誉、権力、称賛の言葉の類を、くだらないとは思えないはずです。しかし、過剰に奮闘を続ける人もたいていある時点で、人生にはこれ以上の何かがあるのではないか、ということに気づきます。それはとても意味深くて、神聖だとさえいえる瞬間です。心を開いて助けを得る準備ができたということです。

次の段階では、強迫観念にまかせて自分を酷使することがもはや快感ではなくなっていることに気づきはじめます。頭痛、消化器系の疾患、心臓や呼吸器系の問題といった身体症状を経験することもあります。もしくは怒りっぽくなったり、すぐに議論するようになったり、うつ状態になったりすることもあるでしょう。または宇宙から不意打ちをくらう（これでもかとばかりにいくつもの問題をつきつけられる）こともあるでしょう。たとえば、パートナーがあなたの元を去ったり、仕事をクビになったり、法律上の問題に巻き込まれたりします。そうしたすべては、あなたに注意をうながす警報なのです。愛情深く親切な宇宙は、あなたが幸福を迂回（うかい）していることを教えて、本来とるべき道への戻り方を示そうとしています。そのようなときに、人生を呪（のろ）ってはいけません――むしろ感謝しましょう。

さらに、いつでも「リラックスすることで次に進める」ということを覚えておいてください。ストレスを感じていると認めた瞬間に、次に進むにはどうしたらよいかと自分自身に問いかけましょう。一瞬のうちにA地点からZ地点に行くことはできないかもしれませんが、A地点からB地点に行くことはできます。それがあなたにできるすべてだとしても、それこそが、あなたに必要なすべてです。そしてしばらくしたらB地点からC地点に行きます。その繰り返しです。
たとえば次のような方法で「次に進む」ことができます。

- 長く、ゆっくりと、深い深呼吸を繰り返す。
- 机から離れて、洗面所へ行き、顔に冷たい水をかける。
- 軽い散歩をする。
- 議論が白熱してきたら、自分の考えをまとめるために、小休止を提案する。
- 友人に電話をかけて短い雑談をする。
- フィットネスクラブに行って運動をする。
- マッサージしてもらう。
- 好きな音楽をかける。
- 昼寝をする。
- 祈る、もしくは瞑想をする。
- 楽しい映画を見る。
- 犬や猫と遊ぶ。

ここに挙げた行動は例にすぎません。緊張を和らげてくれることなら何でもよいのです。どうすればここでちょっと息抜きできるか、自分に問いかけてみましょう。イライラを静めれば、次の段階がもっとはっきり見えてきます――それだけでなく、健康、結婚生活、活力を保つこともできるでしょう。

機械メーカーの大企業を所有する働きすぎの人物がいました。彼のパーソナルコーチは、出勤日数を週五日ではなく週四日にしたらどうかと彼に提案しました（週五日でも少ないと思ったなら、本項はまさしくあなたのための項です）。彼はアドバイスを受け入れて、休日にした一日をリフレッシュにあてることにしました。浜辺で犬と散歩をしたり、小説を読んだり、孫たちに会いに行ったりしたのです。その一日でかなり元気が回復して直感力が高まるので、週四日の出勤でも、週五日働いていたときよりはるかに生産性があがるようになったと、彼はパーソナルコーチに報告しました。やがて、彼の企業もちょうど彼と同じように業績を伸ばしはじめました。

小さな一歩でじゅうぶんです――それが積み重なって大きな一歩になるのです。小さな段階を踏むことは、自分をむち打って進もうとする人には特に有効です。どこにたどり着くかよりも、どこにいるかで人生の充実度が決まることを学ぶ必要があるからです。

豊かさを享受するヒント

1. あなたは自分を叱咤激励するほうですか？
自分に対しては、ほかの人に対してよりも厳しくなりますか？

2. 自分に対して、どんな批判や冷たい言葉を投げつけていますか？
そうした言葉は誰の意見をまねたものでしょうか？

3. 大切な人にはさせたくないことで、自分自身にさせようとしていることは何ですか？

4. ストレスが発生していることをあなたに知らせるために、身体的、感情的にどんな症状が出たり、身のまわりでどんな問題が起きたりしますか？

5. 不安やストレスを感じる状況を思い浮かべてください。

その状況で、リラックスして次に進むためにあなたがとれる行動は何でしょうか？

ほかにもストレスを感じる状況をいくつか考えつくとしたら、それぞれの状況でリラックスして次に進むためには何ができるでしょうか？

✖アファメーション

わたしは、大切な人を思いやるように自分自身のことを思いやります。

まずはリラックスすることからはじめると、その状態が自然にわたしを助けてくれます。

※──楽しいと思えないことがあるなら、人を雇おう

> 天職を見つけるには、自らの深い喜びと、世界の深い飢えが交わる点を探すこと。
>
> ＊フレデリック・ビュークナー

人の手を借りることで、人生と成功の面で大きな変化が期待できる二組の人たちがいます。創造的なアーティストと、何でも自分でやらないと気が済まない実業家です。コーチングセッションでは次のような会話を数えきれないほど経験しています。

クライアントA：創作するのは大好きなんですが、作品を売る方法がわかりません。

わたし：誰かに売ってもらったらいいでしょう。

クライアントA：でも人を雇う余裕はありません。

わたし：あなたとあなたの作品をよく理解して、高く評価してくれる人を探すんです。そして作品を売ってもらったら、一定の割合で手数料を払えばい

い。

クライアントA：（きょとんとして、ヘッドライトを浴びたシカのような風情で座っている）ああ、なるほど、それはいい……。どうもそういったことが苦手なもので。

わたし：そういったことは自分でやらなくていいんです。

またはこんな会話です。

クライアントB：すごくストレスを感じています。事業を立ち上げたところで、ほとんどすべての時間が仕事にとられてしまうんです。妻はそれが不満で怒ってますし、子どもたちと一緒に過ごす時間がなかなかとれません。

わたし：誰か雇ったらどうですか。

クライアントB：でも、わたしのやり方を知っている人はいないし、自分でやったほうがいいに決まってます。

わたし：そんな考えは捨ててください。あなたがやりたくない仕事を、あなたよりうまくこなせる人はいるんですから。

クライアントB：どうしたらそんな人が見つかりますか？

わたし：あなたがやりたくない仕事をリスト化してください。それがそのまま求人条件になります。

クライアントB：わたしはどうすればいいんですか？

わたし：やりたいことだけやってください。

クライアントB：それはうますぎる話じゃないですか。

わたし：実際、うまい話だからこそ実現するんです。

世の中には二種類の人がいます。空想家と実務家です。空想家は大きなアイデアを持っていますが、それを実行にうつすための細々したことはやりたがりません。いっぽう、実務家はものごとを実際に成し遂げるほうが好きです。ひとりの人間が同時に空想家であり実務家でもあることはまれなので、わたしたちは他人を必要とします。空想家と実務家が組むと大変効率がよくなり、ひとりですべてをやろうとした場合をはるかに上回る成功と喜びが双方にもたらされます。

自分ができることをすれば、自分にできないことは人生がなんとかしてくれる。

手助けをしてくれる適任者を雇ってよい仕事をしてもらえば、あなたの収入は増え、自分にも彼らにも給料を払うことができます。そして各々の給料が増えていけば、すべての関係者が得をするのです。

アメリカ一の大富豪、ビル・ゲイツを例に挙げましょう（ゲイツ氏の資産が増えていく様子を追いかけるウェブサイトが複数存在しています）。彼の現在の収入比率から換算すると、マイクロソフト社の廊下を歩いていて一万ドル札が床に落ちているのを見つけたとき、身をかがめてそれを拾うよりも、まったく立ち止まらないほうが、お金が稼げることになります。ゲイツ氏は空想家でクリエイターであるという自らの役割に忠実であり、彼のヴィジョンを実行にうつしてくれる何千人もの人を雇っています――好きでその仕事をしている人がほとんどです。ゲイツ氏は受付の電話をとったり、事務用品店に行ってコピー用紙を受けとったり、コカ・コーラの自販機に補充したりすることはありません。彼はほかの人々がそうした仕事でお金を稼げるように協力しており、その人々はそうした仕事をすることで、ゲイツ氏がいちばん得意な分野で仕事をしてお金を稼げるように協力しているのです。互いに得をする、まちがいのない方程式です。

わたしがこれまで聞いたなかでいちばん活力を消耗する考え方は、仕事には苦痛がつきものだというものです。いちばん心がはずむ考え方は、本物のキャリアは喜びの中で築かれるという信念です。それが耳慣れない考え方だと思うなら、飛行機を発明する過程について語ったライト兄弟のこんな言葉を思いだしてください。「朝起きるのが待ちきれなかった」。これこそ、自分にぴったりした仕事についている人の言葉です。自分にある個性的な才能に忠実でいれば、あなたもそんなキャリアに恵まれるかもしれません。ルールはシンプルです。好きなことをやって、後はほかの人に任せることです。

絶望は、持ち上げられないという。
幸福は、持ち上げる必要がないという。
――ジェームズ・リチャードソン

豊かさを享受するヒント

1. いまの仕事のどんな面が好きですか?

2. 仕事の中で、できればやりたくないことは何ですか?

3. できればやりたくないことや、あまり得意でないことをしてもらうために仕事仲間を増やすとしたら、その人の仕事内容は何と何になりますか?

4. 自分の仕事はすべて、ほかの人には自分と同じレベルでこなせないものだと思っていますか?

あなたの仕事の各要素について、あなたと同等かそれ以上にうまくこなせる人がいるかもしれない、という可能性を検討してみる余地はありますか?

5. いまより自由時間が増えて、心の平和を得られるとしたら、その価値はいくらになるでしょうか?

✖アファメーション

わたしが自らの才能と喜びに忠実でいると、人生がほかのすべての面でわたしを助けてくれます。

第5部 手にする成果はあなた次第

奮起しよう。何度でも自ら立ち上がろう。意思を人に伝えよう。

——大観衆

行き過ぎる船の灯りは頼りにならない。
星を見て針路をとることを学ぶべきだ。

＊オマール・ネルソン・ブラッドレー

セミナーに集まった聴衆を見渡したわたしは、その少なさにがっかりしました。参加者は一〇〇人の予定でしたが、そこにいたのはたったの一二人です。参加者がこんなにも少ない理由について考えはじめたわたしは、どんどん落ち込んでいきました。主催者側があまり宣伝活動をしなかったのか？　チケットが高すぎたのか？　それとも、プレゼンターがわたしではこれ以上の聴衆を集められないのか？　わたしはなんだか責任を感じて、居心地が悪くなってしまいました。がっかりしながらあれこれ分析していると、ますます気が滅入ってきます。

舞台裏には、プログラムのオープニングアクトとして音楽パフォーマンスをする一組の男女がいました。二人はほがらかで生き生きとしていました。さて、わたしは数少ない聴衆の中に座ると、二人の登場を待ちました。すぐに、はちきれんばかりのエネルギーと情熱に満ちたその二人が舞台に駆け出してきました。とても嬉しそうな様子で飛び跳ねながら一曲目をはじめたので、居あわせた観客の数とはまったく不釣り合いなほどでした。しかし数分のうちに、誰もが手をたたき、曲にあわせて歌っていました。二人がさらに数曲、生き生きとした曲を選んでパフォーマンスをしてくれたおかげで、その夜はその後も盛り上がり、結局はとても充実したセミナーになりました。二人のミュージシャンは、観客がほんの十数人だったにもかかわらず、まるでラスベガスの大劇場で満員の大観衆を前にしているかのように、全身全霊を捧げて舞台を盛り上げ、イベントを成功に導いたのです。

わたしはその夜、とても大切なことを学びました。歌手、販売員、経営者、保護者、教師、カウンセラー、ヒーラー、その他何であれ、プロというものは、自ら奮起する必要があるということです。提供された舞台に左右されて、仕事ぶりが変わってしまうようではいけません。仕事に対する姿勢が外的な条件に左右されるとしたら、成功も条件付きです。自ら描いたヴィジョンをもとにして仕事にいどむなら、あなたは必ず成功します。目的意識とエネルギーが強ければ、状況にあなたが反応するのではなく、あなたが状況を創造するからです。

どう行動するか、幸せかどうかが外的な要因で決められるのでは、まるで荒れ狂う海にもまれて浮いているコルクのように、浮き沈みを繰り返すことになります。人生の日々も職業生活も、感情のジェットコースターになるでしょう。ストレスを感じてくたくたに疲れ、人生という旅が、人間関係のトラブルや健康問題ばかりになるかもしれません。人生をコントロールする力をほかの人々や周囲の状況に与えてしまうと、それらは変わりやすくあてにならないものなので、人生は混乱してしまいます。

逆に、あなたの内なる魂に従って何を経験するかを決めれば、すばらしい結果を生み出す力が引き出され、結果に至る過程でも楽しむことができます。自分の仕事、運命、人生を自由にコントロールできるということです。自分が望む経験をしようと心に決めるとエネルギーが湧いてきます。エネルギーは、環境から与えてもらうものではないのです。

どんな状況に置かれているにせよ、直ちに自らの方針を決定しましょう。あなたの意識の中でまわりの環境よりも自分自身の選択を重視するようになれば、環境はあなたの意図を反映して変わります。聴衆、クライアント、生徒からよい変化を引き出そうとして悩んだり苦労したりする必要はまったくありません。まわりの人々やものごとを支配することで成功しようとする人は、自分自身が変わることこそが変化の要因だと気づいていないのです。より高いレベルで自覚を深めて自己を確立すれば、人々やものごとを変えようと奮闘するよりもはるかに少ない労力で、まわりの状況があなたの高められた思考と一致していきます。ジェームズ・アレンが書いているように、「わたしたちは心の中で考えたとおりの人間になります。わたしたちをとりまく環境は、真のわたしたち自身を映し出す鏡にほかなりません」。

世間の人々や周囲の流れにとらわれない高い意識を持つ人々は、時間、季節、個人的な限界などによって制限されることはありません。メル・トーメは、「Chestnuts roasting on an open fire……」という歌い出しで有名な名曲『クリスマスソング』を六月に書きました。オスカー・ハマースタイン二世は、多くの人々に愛されるミュージカル『サウンド・オブ・ミュージック』を死の床で作詞しました。フランクリン・デラノ・ルーズベルト元大統領は、車いすに行動を制限されながら、第二次世界大戦のあいだアメリカを導きました。偉大な人は限界について考えないので、失敗するのではないかという不安が寄りつかないのです。

二〇〇一年九月十一日のテロの後、多くの人々は飛行機に乗ることを恐れ、旅行産業は壊滅的な大打撃を受けて、たくさんの旅行会社が倒産しました。二〇〇二年三月ごろの新聞で、成功している旅行代理店数社をとりあげた記事を目にしたのを覚えています。成功した代理店は、二〇〇一年秋の時点で二〇〇二年春のツアーを念頭に置いていました。ほかの多くの代理店が九月十一日以降、不振に陥り行き詰まっていたときに、いずれ人々はまた旅行をしたくなるはずだと考えて準備をしていた代理店もあったのです。春が訪れたとき、そうした代理店は準備したツアーを実施して、顧客が求めるものを喜んで提供することができました。より高い水準のヴィジョンを持っていたおかげで、目の前の状況に打ち勝ってよい結果を出すことができたのです。

行動を起こす前に、心の中で目的地を訪ねてみましょう。あるプロバスケットボール選手は、どうやってそんなに高い確率でシュートを決められるのかとたずねられて、こう答えました。「ボールは僕の手を離れる前に、リングに入っています」。聖書にはこうあります。「祈りが聞き届けられる前に、まず感謝せよ」。いつか目的地にたどり着くだろうと考えるのではなく、目的地を起点として現在を生きれば、すばらしい結果を手にすることができます。あなたの意識の中には、夢がすでに実現している場所があります。その場所を何度も訪れていると、間もなく現実でもその生活を生きるようになるのです。

仕事がうまくいって収入が増えたり、ものごとが自分の思いどおりに進んだりするときは、誰でも自然に元気になるものです。でも、冴えない状況に置かれたときに情熱を呼び起こせる人は、真の意味で人生をコントロールすることができる人です。潮には満ち引きがありますが、あなたの幸せの感覚は、世の中の運不運などよりもずっと強くて深い源から発生しています。うまくその力を利用して、自由に運命をコントロールしましょう。

豊かさを享受するヒント

1. あなたのエネルギーや幸せは、誰、もしくは何に左右されていますか？

あなたの人生をコントロールする力を、どんなふうにその人々やものごとに委ねていますか？

どんな気分でいるか、どんな態度をとるかを、他人に左右されなかったときのことを思い出してください。そのときは何を知っていてどう感じていたので、周囲の状況を超越していられたのですか？

2. 思い浮かぶ中で、環境を自ら創造するのがいちばん得意な人は誰ですか？

その人の行動の何が、成功をつくりだしていますか？

3. あなたが達成したいと思うはっきりした目標を何か選んでください。

今週は毎日十分かけて、それが実現した場合にどう感じるかを思い浮かべましょう。目を閉じて、それが現実だと感じられるまで、理想の状態を思い描くのです。そして何が起こるかを見守ってください。

✖アファメーション

わたしが経験することを創造するのはわたし自身です。

喜び、成功、人の役に立てることを信じてヴィジョンを描くと、人生はわたしのヴィジョンを現実に反映します。

誰が誰のために働いているのか？

労をいとわず、自らに力があることを信じる善き人は、感動とやすらぎに満ちた豊かな人生を楽しむことができる——ただし、自分自身のやり方をつらぬくならば。

＊ヘンリー・ミラー

ある土地を購入しようとしていたときのことです。わたしは土地の価値が下がるであろう情報を目にしました。そこで、このマイナス条件を考慮して、付け値を元値より二万五〇〇〇ドル分下げてほしいと不動産エージェントに伝えました。しかしそのエージェントは気弱な交渉人で、「その価格では売り手が乗ってきませんよ」と弱々しく言いました。

わたしは立場をはっきりさせる必要があると感じました。「わたしのために動いてほしいんです。ここはわたしの意向を尊重してください」

「わかりました、そうします」彼女は申し訳なさそうにそう答えました。「あなたがそうおっしゃるなら、その金額を伝えます」

数分後、彼女からわたしに電話がありました。「よいお知らせです。売り手はあなたの付け値を受諾しました」

その交渉で節約できた二万五〇〇〇ドルには、ローンの期間から計算するとさらに二万五〇〇〇ドルの利子がつく予定でした。つまり、一回の交渉で五万ドルを節約できたことになります。わたしを尊重して意向を完全に代理してくれるようエージェントに頼んで、本当によかったと思いました。

専門家に仕事を依頼するとき、その人はあなたの代理人です。設定した目標を達成するのを助けてもらうためにお金を払います。医師、弁護士、療法士、建築士、タレントエージェント、インテリアデザイナーがそこにいるのは、あなたがヴィジョンを実現するのを手伝うためです。どうしたいのかという判断を専門家任せにしてはいけません。代理人に仕事を依頼するときには、必ずあなたの考え方を尊重してもらうことです。

顧客サービスのよさが評判のギフトショップを経営する友人から、店に新しくマネージャーを雇ったと聞かされました。しかし、新しくマネージャーになった男性は、頑固で、人を逆なでする性格で、押しの強いセールスマンだという話を聞いたことがありました。

わたしは彼女に、その人は店のマネージャーにはふさわしくないかもしれないと言いました。彼女はかばうような口調で、なんとかなるはずだと言います。

数カ月後、彼女から電話があって、新しいマネージャーのせいで顧客が店に寄りつかないし、彼は顧客に対して自分のような親身なサービスを提供できないので、そのマネージャーをクビにしたと聞かされました。

医師をはじめとする医療従事者を選ぶこともとても重要です。健康で幸せな生活のために誰かに協力を依頼するのであれば、必ず、自分と考え方の似ている人にお願いしましょう。多くの医師は技術的に優れているだけでなく、善意に基づいて行動しています。しかし、彼らの受けてきた訓練は、あなたをひとりの人間としてとらえて効果的な治療法を探すための訓練ではなく、身体の悪いところに注目して病気という特徴からあなたを判断するための訓練です。医師や施術者に診てもらった後、気が楽になりますか、それとも気が滅入りますか？　協力してもらう人物に対してよい感情を抱けば抱くほど、治療の効果は大きくなります。

ある隣人は、犬が大けがをしたときに獣医に連れていって、深刻な診断をくだされたことがあります。犬はその後回復の兆(きざ)しを見せましたが合併症を起こし、獣医に連れていくたびに何かしら新しい問題が見つかりました。しばらくすると飼い主は犬の病気がなかなか治らないことに不満を募らせて、別の獣医のところに行ってみました。その獣医が診察室に入ってきたとき、彼女はほっとしたそうです。彼は微笑(ほほえ)んで、犬はすぐによくなると言いました。そして前の獣医に比べてずっと簡単な治療をしました。犬はすぐに元気を取り戻して動き回ったので、飼い主は心から喜びました。

別の友人は、夫と友好的な離婚をしたいと考えていました。弁護士は攻撃すれば勝てると彼女に勧めましたが、彼女はそうした駆け引きや、それによって得られる結果を望んでいませんでした。わたしは彼女に、弁護士に自分の意向を重視してほしいと言うべきだとアドバイスしました。というのも、その結果と向き合って生きなくてはならないのは彼女自身だからです。彼女と弁護士は最終的には穏やかな手段をとることに決めました。その後、彼女は前夫と互いにプラスになる関係を築き、それが子どもたちにもよい影響を与えたようです。

確かに、優れた専門家は専門知識に基づいてアドバイスや提案をしてくれますし、そうあるべきです。代理人には積極的にアドバイスを求め、その助言を心に留め、検討しましょう。試しにそれを実行してみたり、一晩考えてみたり、祈ってみたりして、真摯に受けとめるのです。もしそのアドバイスを自信と熱意を持って支持できるなら、それに従って行動しましょう。よい代理人は、あなた自身よりもずっと適切な判断をしてくれる可能性があるのです。でも、冷静になって考えても、そちらの方向に進む気がしなかったら、そのアドバイスには従わないほうがよいでしょう。

自分が最終的に望んでいることを、必ず代理人にははっきり伝えておくことが大切です。よい代理人はあなたの意向を重視して、それを実現することに全力を尽くしてくれます。あなたが望むことをきちんと要求すれば、それに五万ドルの価値があることもありますし、それよりずっと大きな価値があることもあります。つまり、心の平和と、自らの真の価値観や選択に従って行動することから生じる深い満足感です。

豊かさを享受するヒント

1. あなたの意向を重視して、目的の達成を手伝ってくれた専門家の名前を挙げましょう。

あなたの意向を重視してくれなかった専門家の名前を挙げましょう。

そうした経験から、あなたは何を学びましたか？

2. 現在関わりのある専門家のことを考えてみましょう。

その専門家が誠実にあなたの利益を追求してくれているかどうかを、一〇段階評価で考えてみましょう。

どういった点で、その専門家はあなたの代理をよく務めてくれていますか？

改善してほしいと思っていたり、もっと強化してほしいと思っていたりするのはどんなところですか？

あなたが何を言ったり、何をしたりすれば、あなたの代理人がもっとよくあなたの意向を代理してくれるようになるでしょうか？

3. あなたが他者にサービスを提供する専門家だとしたら、どうすれば顧客のニーズによりよく応えて、行き届いた代理業務をおこなうことができるでしょうか？

✖ アファメーション

わたしは、自分の目的に一致する専門家を引き寄せます。代理人がわたしの意向を尊重してくれるので、わたしたちはともに理想的なゴールにたどり着きます。

第6部 どんどん循環させよう

富を外に出すと、中にも入ってくる。

幸せなお金（ハッピー・マネー）

やすらぎというものがあるとすれば、
それは存在することによって得られるのであって、
所有することによってではない。

＊ヘンリー・ミラー

あるセミナーを終えて、主催者が精算を済ませようとわたしのところへやってきました。一緒に座って数字を確認した後、彼女はこう付け加えました。「休憩時間に、プログラムが気に入らないと言いにきた人が二人いたので、参加費を返金しました。かまいませんか？受けとるのはハッピー・マネーだけにしたいんです」

もちろんわたしはまったくかまいませんでした。わたしもハッピー・マネーを重視しています。ハッピー・マネーとは、提供された品物やサービスの品質に満足して喜んでお金を払う人から受けとる収入です。それは有益な金銭のやりとりで、当事者全員が満足していることの証（あかし）です。

お金を巡って言い争ったり、支払いたくない人に無理に支払わせたり、払い戻しを要求されても返金しなかったりすると、たとえお金が手元に残っても、そのやりとりを巡る負のエネルギーも預かることになります。誰かがあなたに腹を立てて、おそらくあなたやあなたの仕事について意地の悪いことを言うはずです。相手にとってはもちろんですが、おそらくあなたにとっても、そのやりとりはネガティブな感情としてなかなか消えずに残るでしょう。それでもお金を受けとる意味があるでしょうか？

「満足保障サービス」を提供しているホテルに滞在したことがあります。滞在客が宿泊を楽しめなかったときには、理由が何であれ、ホテルは宿泊費を請求しません。ホテルの幹部に、どれくらいの割合で返金を求められるのかたずねてみたことがあります。「一パーセント未満です」との答えが返ってきました。長い目で見れば、ホテルはその献身的なサービスを実施することによって、時折返金によって失う金額よりも、ずっと多額の利益を上げていることはまちがいありません。

ハッピー・マネーの原則は、人間関係にも同じようにあてはまります。億万長者と離婚したある女性は、別れるときに夫に何も要求しませんでした。もし裁判に訴えていたら、かなりの金額を受けとる権利があったでしょう。「わたしはただ結婚生活を終わらせたかっただけで、彼と自分を結びつけるようなものは何も欲しくなかったんです。もし彼を訴えて、おそらく相当怒っているであろう彼に離婚手当を長期間払わせていたら、とても不快な状態で彼との関係が続いていたはずです。わたしはいまとても幸せで、自分でなんとかやっていけるのが嬉しいんです。わたしは結婚生活を続けたくなかったし、彼のお金もいりません」。つのちに彼女は再婚して、新しい夫と一緒にとても恵まれた生活を送るようになりました。つまり、彼女が離婚によって失ったものは何もありません。

ハッピー・マネーの原則をあなたが使うお金にもあてはめてみましょう。何かに対してお金を支払うことに不満があるときは、売り手にその理由を説明して、何に対してなら喜んでお金を払うのか、何に対してはそうでないかを伝えましょう。たいていの場合は、双方が満足するよい解決策が見つかるものです。もしだめでも、とにかくできるだけの努力をして、後は自分が信じるものに誠実であるかどうかという感覚を大切にしましょう。自分自身の信念に背(そむ)いていないと思ったら、あなたは宇宙にも背いていません。

ハッピー・マネーの原則とは、相手の要求が道理にあわなくても、要求されたものをすべて与えなくてはならないということでしょうか？　そうではありません。自らの信念に従って、相手の要求を断ったり、自分にふさわしいものを要求したりするべき場合もあります。冷静に話しあい、自分にとっての真実を口にしましょう。騒ぎ立てず、理性を持って交渉し、誠実さには力があることを信じてください。そのやりとりをけんかの種にしないで、むしろ互いに理解しあうチャンスだと考えてください。誠実に対処すれば、お金は後からついてきます。

お金を支払う必要があるけれど、なんだか納得がいかないというときは、こんなふうに考えてみましょう。その経験は、豊かな宇宙はいつでも必要なものを与えてくれること、失ったお金は別のドアから戻ってくる可能性があることを思い出すためにあったのです。お金に対するあなたの姿勢のほうが、一回限りの取引よりもはるかに重要ですし、あなたの豊かさは失った金額よりもはるかに大きなものです。

ハッピー・マネーは、ビジネスによる人間関係や友情を築く際に、大いに報われることのある指針です。ハッピー・マネーは、ビジネスを友情に発展させることができます。迷ったときには与えましょう。また、宇宙が思いがけない手段であなたに必要なものを与えてくれるのを信じましょう。交渉相手とは互いに受取人でもあり支払人でもあるのですから、憤慨することがあってもそれにこだわらずにやりとりをしましょう。そのとき、わたしたちが「お金」と呼ぶ生命エネルギーは、本来そうあるべき天の恵みになるのです。

豊かさを享受するヒント

1．あなたは誰かに何らかの支払いを強いようとしていますか？

その人に支払いを強いることで、あなたは感情面、エネルギー面、経済面で何を犠牲にしていますか？

その問題にはもうこだわらず放っておくという選択肢を、試しに少しのあいだ考えてみましょう。どんな感じがしますか？

2．何かに対して憤り（いきどお）を感じながらお金を出していますか？

憤りを感じないよう状況を変えるには、どうすればよいですか？

3. お金、愛情、健康な生活をいくらでも引き寄せられるとわかっていたら、右記の問題に対する考え方と対処方法はどのように変わりますか？

4. ハッピー・マネーという指針をとり入れたら、あなたの生活と仕事はどう変わりますか？

✖アファメーション

わたしは喜びと感謝を抱いてお金を支払ったり受けとったりします。
わたしは宇宙がわたしに必要なものを与えてくれると信じています。
わたしと交流のあるすべての人にも必要なものを与えてくれると信じています。

※──本気で取り組む

出し惜しみせず、全力を尽くす人であれ。

＊ノーマン・ヴィンセント・ピール

あるモチベーションセミナーの講師が、一週間にわたる少人数セミナーを計画していました。募集人数の空きが残り一名になったとき、二人から申し込みがありました。このセミナーの参加費は二〇〇〇ドルです。希望者のうちのひとりは裕福な女性でしたが、セミナーリーダーにかけあって、参加費を一五〇〇ドルにしてくれないかと交渉していました。もうひとりの希望者は若い男性で、ほとんどお金を持っていませんでしたが、あるだけのお金──五〇〇ドル──を支払うと言っていました。

「どちらを受け入れるのですか?」とわたしは講師にたずねました。

「若い男性です」と彼は言いました。

「どうして?」とわたしは理由をたずねました。

「すべてをかけたからです」というのが講師の答えでした。

お金や物質を投資するときに大きな意味を持つのは、いくら出したかではなく、出したものの背後にあるエネルギーと意志です。アーノルド・パテントは、啓発に満ちた著作『成功」＋「幸せ」を手に入れる21の原則』で、金銭を出し惜しみすることは、愛を出し惜しみすることだと述べています。わたしたちは何かを控えめに出すことでほかの人を操ることができると思っていますが、何を出し惜しみするにしても、長い目で見れば、それはすなわち自分自身に対する出し惜しみになるのですから、自分が損をすることになります。この教えの要点は、もっとお金を出すべきだということではありません（それはそれで大変結構なことですが）。贈り物や投資をするときはいつでも、惜しみない気持ちを込めるようにということです。

セミナーの講師は、若い学生が投資した金額そのものよりも、自分自身にどれだけ投資しているかに注目しました。お金がたくさんあるけれど少ししか出さない人よりも、少ししかないお金をすべて出す人のほうが、たくさん投資しているのです。参加を心から望んでいる学生は、自分自身がセミナーから大きな収穫を得るだけではありません。積極的で熱意に満ちた彼の姿勢が、受講グループ全体にもよい影響を与えるでしょう。

本気になって取り組むことを心に決めると、何をやっても劇的に質が向上します。本当はそこにいたくないと思っている人と、わざわざ一緒に過ごそうと思うでしょうか？　この原則は、仕事の取引、恋愛、友情にもあてはまります。心ここにあらずの人や、真意のわからない人と一緒に何かをやりとげようとするのは大変困難なことです。他方、同じヴィジョンを抱く仲間同士で協力すると、とてつもない活力が湧いてくるのです。

「本気になって取り組む」という原則はあなたという存在自体にもあてはまります。あなたが仕事、人間関係、何らかのプロジェクトに参加するときにはいつでも、心の底から本気で取り組んでください。中途半端な気持ちでそこにいると、あなたはその経験の質を落とし、周りの人々の経験を厳しい試練にしてしまいます。心を込めてやるか、まったくやらないかです。この心がまえをしっかり守っていると、あなたがとる行動とその結果は、驚くほど力強さを増します。

以前わたしのアシスタントをしていたベンは、仕事に対するコミットメントがどっちつかずの状態でした。ベンは遅刻したり、早退したり、彼の仕事ぶりは冴えないものでした。しばらくするとベンはネットワークビジネスに関わるようになり、それに夢中になりました。あまりにも熱中したので、わたしのオフィスでの勤務時間内にもそれをやるようになりました。自分の携帯電話にかかってくる電話に対して、オフィスの電話に応対するよりもはるかに熱意を込めて応対しているのです。ついに、わたしはベンにこう告げました。「君はこのオフィスの仕事よりも、ネットワークビジネスのほうにずっと大きな情熱を抱いているね。わたしは君が愛情を感じる場所にいてほしいと思っている。君は好きな仕事をする権利があるし、わたしたちは本当にここで働きたいと思うアシスタントを雇う権利がある」。ベンとわたしたちは友好的に別れ、本当にそこで働きたいと考えている、はるかに仕事のできる新しいアシスタントにドアが開かれました。

わたしたちは精神的な生き物ですから、自分がやっていることに対してどんな気分でいるかで、引き出せる満足感が決まります。身体を動かしてしかるべき行動をとることはできても、そのとき心の中でむなしさを感じたりぼんやりしたりしていたら、あなたの行為にはあまり意味がありません。魂を満足させることだけがあなたを満たし、ほかの何をしてもあなたは飢えたままです。ヨガの聖者パラマハンサ・ヨガナンダは、こう述べました。「誠実さのない行儀作法は、美しいけれど死んでいる女性のようなものだ」。どう見えるかではなく、自分の本質を込めることが大切です。

誰かがあなたに差し出すもの、もしくはあなたが誰かに差し出すものを評価するときは、物質的な投資ではなく精神的な投資に目を向けましょう。費用をかけずとも心を込めて自作したプレゼントは、高価な宝石よりも価値があります。小さな子どものいる母親に、その子が彼女のために描いてくれた絵にいくらの価値があるかとたずねれば、値段がつけられないほど貴重だという答えが返ってきます。人生で本当に価値のある宝石は、あなたが全身全霊でそこに存在するということです。その宝石を人に与えれば、あなたが接するすべての人は豊かになります。あなた自身がその最初のひとりです。

豊かさを享受するヒント

1．心を込めずにやっていることが何かありますか？

なぜ心を込めて取り組むことができないのですか？

どうしたら、心を込めて取り組むことができますか？

2．一緒に働いていたり関わりがあったりする人で、心ここにあらずという人はいますか？

その人はなぜ本気で取り組まないのだと思いますか？

どうしたら、その人は本気で取り組むようになるでしょうか。あなたはどうすればその人を応援することができますか？

3. 1と2で述べた状況を検討したのち、それぞれの状況において関係者全員が心を込めて取り組んでいる様子を、毎日数分かけて思い描きましょう。想像の中で、あなた自身にもほかの人にも、無理に何かをさせようとしてはいけません。そのかわりに、思い描いたイメージと、最終的にうまくいったときの達成感を心の中心に据えて、宇宙が手段と人をうまく配置してくれるのに任せましょう。

✖アファメーション

わたしはすべての行動に全身全霊を込めます。
わたしが接するすべての人は、わたしとともに成功します。

※――すべてを与える

自分がどれだけ所有しているか決して気づかない人もいる。
どれだけ与えることができるかを知るまでは。
＊映画『グッド・ウィル・ハンティング』のキャッチコピー

昼食を買うための小銭がないかとソファのクッションの後ろを漁(あさ)っている自分に気づいたアンドルーは、ぎりぎりの状態に追い詰められていると感じました。つい最近まで成功した企業幹部だった彼ですが、いまでは一〇〇万ドルの借金を抱えています。

あるとき、アンドルーの前にホームレスの男があらわれました。男はひもじそうな様子で、施(ほどこ)しを求めてきました。アンドルーはまずこう思いました。「冗談じゃない。俺自身がいまにもホームレスになりそうだってときに！」

しかしそのとき、彼の内側から別の声が聞こえました。「すべて彼に与えなさい」。その声にどうしても従わざるをえないと感じたので、彼は、持っていたお金のすべてをホームレスの男性に与えました。彼はまったくの無一文になりました。

たちまち、アンドルーは貧しくなったと感じるかわりに、自分の豊かさを感じました。すべてを与えることに関する何かが、不安を抱えていたときには閉まっていたドアを開いたのです。彼は自由になり、長いあいだ不安を感じていたときよりもずっと気分がよくなりました。

家へ歩いて帰る途中で、アンドルーは仕事の口がありそうなある会社のことを思い出し、電話をかけて面接を受けました。その会社の経営者は試しにアンドルーに仕事を発注しました。会社が投資を検討しているある企業を調査して評価をおこなう仕事で、報酬は一〇〇〇ドルです。調査対象は環境保護の観点に基づいて設立された創業間もない小さな企業で、企業を訪問したアンドルーが投資の価値ありとの報告書を提出すると、依頼主は投資を決定しました。

そのエコロジー関連企業の人気は短期間のうちに急騰し、市場の人気株トップテン圏内に入りました。アンドルーの依頼主は大喜びで、常勤で投資口座管理の仕事をするとしたら、報酬としてどれだけの給料が欲しいかとアンドルーにたずねました。アンドルーがまじめな顔をして言えた最高額は「月に一万ドル」でした。会社側は話し合って、提供できる最高額は年俸一〇万ドルだと彼に告げました。「そうでしょうね」とアンドルーは答え、こうして彼はゲームに復帰しました。

一年のうちに、彼は失った一〇〇万ドルを取り戻していました。その企業の株が上昇し続けたので、年俸の他にボーナスをもらったからです。

現在アンドルーはとても裕福です。経営するいくつかの会社の業績はすべて良好で、三つの州に持ち家があります。アンドルーが言うには、持っているものをすべて与えようと考えた瞬間が彼の転機でした。

不安、自己憐憫（れんびん）、欠乏について考えるのをやめたとき、あなたはお金、エネルギー、成功の導管になります。「限界」というフィルター越しに見ていたときには存在しなかった供給源に、突然、自由にアクセスできるようになります。欠乏と少なさに焦点をあわせているとき、あなたは解決策を見いだす自分の能力の邪魔をしています。リラックスして宇宙がすべてを与えてくれることを信じれば、目の前がひらけて成功への新しい一歩が見えます。

あなたの行動には、あなたが何を信じているかがはっきりとあらわれます。自分が何を信じているのか確かめたかったら、どのように生活し、どのように感じているかを観察しましょう。流れ出そうとするあなたの資源をしまっておいたり、使うのを控えたりすると、「利用可能な量には限度があり、自分自身を損失から守らなければならない」ことを肯定してしまいます。あなたの豊かさ——たとえどんなにちっぽけだと思えても——を肯定してわかちあうという流れに身を置くとき、あなたは自分自身とすべての人々にじゅうぶんなだけの豊かさがあることを肯定しています。すると人生にはあなたの肯定を実現する可能性が生じて、ついにはあなたが肯定したとおりになるのです。

フローレンス・スコヴェル・シンはこう述べました。「すべての病気は血管のつまりによって発生し、血の巡りによって癒される」。この原則は豊かさにも同じようにあてはまります。あなたが欠乏、抵抗、苦労のことばかり考えているときは、お金はあなたのところにやってくることができませんし、あなたを通って流れることもできません。でも、惜しみなく与えることであなたの意識のポンプに呼び水を入れてやれば、宇宙からあなたにふんだんな富がもたらされるようになります。

九九パーセントを与えることは難しくとも、一〇〇パーセントを与えることは簡単です。与えれば与えるほど、与えるための資源がもっとあなたに集まってきます。

豊かさを享受するヒント

1. あなたは誰かに与えるとき、何か（お金その他何でも）を出し惜しみしていますか？

誰に対してですか？　それはなぜですか？

2. あなたは誰に対してもっとも気前がよいですか？
そのことに対してどう感じていますか？　またどのような結果を経験していますか？

3. あなたが知る中でいちばん気前のよい人は誰ですか？
その人から何を学びましたか？

4. 無限の豊かさが宇宙で循環していると心から信じるなら、お金その他の資源の使い方はどう変わりますか？

✖アファメーション

わたしはほかの人々に与える準備ができており、宇宙はわたしに与える準備ができています。

愛情払い

好きなことを仕事にしなさい。
そうすれば、人生でもう一日たりとも労働することはない。

＊孔子

イーストマウイ・アニマルレフュージは、怪我(けが)をしたり、捨てられたりした生き物を保護するための施設です。これまでは動物愛護協会が安楽死させるしかなかった動物たちがここで暮らしています。わたしは車で施設の門を入るときに、いつも涙がこみあげてくるのを感じます。施設では、わたしの手の下で大きな黒い盲目のラブラドルレトリーヴァーが鼻を地面にすりつけ、間にあわせの車いすに乗せられたふわふわと柔らかい毛をしたテリアがよちよちと散歩し、シカがひざに巻かれた包帯をなめ、猫エイズにかかった猫たちがいる木の家から「にゃあにゃあ」という合唱が聞こえてきます。種々雑多な四〇〇種類もの鳥、ヤギ、ブタ、乳牛など、童謡のマクドナルドおじいさんが飼っていたような家畜たちが、ともかくも平和に共存しています。ここは神聖なる場所です。

管理者のシルヴァン・シュワブとスージー・シュワブ夫妻は、一九八三年にこの保護施設を設立して以来、完全に寄付に頼ってこの地道な活動を運営してきました。二人は休むことなく無私無欲で夜明けから夕暮れまで働き、傷に包帯を巻いたり、薬を塗ったりしてほとんどの時間を過ごします。シュワブ夫妻のもとにはこれまで多くの献身的なボランティアが引き寄せられてきました。彼らの仕事は、真の奉仕活動です。

はじめて施設にあるシルヴァンのオフィスを訪れたとき、山積みになった請求書が見えたので、「どうやってやりくりしているんですか?」と彼に聞いてみました。

シルヴァンは微笑んでこう言いました。「払えるときに払える金額を支払うだけです。みんな、わたしたちがここでやろうとしていることを理解してくれていますから」

「スタッフにはどうやって賃金を払っているんですか?」とわたしは聞きました。

「ここでは誰もお金を受けとりません。みんな愛情払いなんです」シルヴァンはそう言いました。

お金は奉仕に対する対価の一形態にすぎません。天から与えられた才能(ギフト)を他者とわかちあうあなたに、宇宙が感謝したり、必要なものを与えたりするための手段はたくさんあります。あなたが受けとる対価をお金だけで評価しないでください。お金よりもはるかに貴重な方法で支払いを受けることもあります。

大金を稼ぎながら深刻な精神面もしくは感情面における病気に苦しむ人が多いのは、彼らが自分自身の魂とのつながりを断たれているからです。もしあなたが仕事をして受けとる報酬がお金だけだとしたら、あなたはずいぶんと不当な低賃金で働いていることになります。

ほとんどお金しか収入がなくても、夜はぐっすり眠れて、心が満たされている人もいます。お金と満足感は両立しないわけではありませんが、真の報酬には、お金による報酬をはるかに超える満足感があるのです。

あなたが受けとる報酬、もしくはあなたが他人に支払うさまざまな報酬について考えてみましょう。自らの本質をはぐくむことのできる環境、役に立つ技能の習得、尊敬できる指導者とともに過ごすこと、貴重な人生の教訓を学ぶこと、自らの個性を改めて発見すること、仕事に役立つであろう人脈づくり、有意義な人間関係を築くこと、健康で生命力に満ちた身体づくり、何が自分に向かないか理解することによって選ぶべきものがはっきりすること、その他たくさんの報酬があります。

本書に述べた原則を実践することで、あなたは望むものを手に入れるためのお金を引き寄せやすくなり、実際に引き寄せるでしょう。あなたが望むすべてのものを手に入れられるだけのお金を、あなたは手にするのにふさわしいのです。単に請求書の支払いを済ませるためだけではなく、何かを所有したり、楽しむためのお金です。お金は喜びの副産物です。あなたの真の目的は魂が満たされることです。心が安らかであれば、必要なものはすべて引き寄せられてきます。心が満たされていなければ、あなたが引き寄せるものが何であれ、それはあなたが望む状態をつくりだしてはくれません。

感情的、精神的、身体的、経済的にたくさんの問題で苦しんでいる神経質な女性がいました。あるとき彼女はエイズにかかった乳幼児のためのボランティアになります。一週間に一度、病院に行って子どもたちをただ抱きしめてかわいがるのが彼女の役目でした。たちまち彼女の生活は変わり、彼女が抱えていた問題は解決しました。彼女はお金による経済活動から、愛による経済活動に移行したのです。

心（スピリット）はいちばん強力な（そして唯一本物の）通貨です。あなたの一日をとおして心という通貨が自由に動くようにしておけば、必要なものが与えられます。生計を立てるだけでなく、生き生きとした生活を送ってください。普遍的な繁栄の原則はすべてシンプルで矛盾がありません。あなたが自分のため、そして他者のために自分の能力を使うときに、そうした原則が働きます。好きでやる仕事を求め続け、ほかの人にも好きで仕事をしてもらえば、あなたは決して飢えることがありません。お金は後からついてきます。そう、お金はついてくるのです。

ある雑誌記者がシルヴァン・シュワブにインタビューをしたときのことです。シルヴァンがイーストマウイ・アニマルレフュージで送る生活について聞いた記者は、この人はちょっとした聖人だという結論に達しました。彼女はシルヴァンにこう言いました。「あなたはまちがいなく天国へ行く人ですね」

「天国へ行く？」シルヴァンは少し考えました。「ここが天国です」

豊かさを享受するヒント

1. お金のためだけにしていることが何かありますか？

それをどう感じていますか？

2. いままでに経験した仕事（もしくはいまの仕事）で、お金以上の見返りがあったときのことを書いてください。

金銭的な利益だけに基づく仕事では得られない何を受けとりましたか？

3. 喜びのためだけに仕事をして、お金が後からついてきたことがありますか？

4. あなたが喜びと精神的充足感に基づいて仕事をするとしたら、それは何でしょうか？
あなたがやりたいことと、それを実行したらどのように感じるかを書いてみましょう。

✖アファメーション

わたしが心を込めて生きると、宇宙が報いてくれます。
気前よく愛を与え、愛を受けとっていると、
お金はいちばんふさわしい方法で、いちばんふさわしい時期にやってきます。

計算に入れない

オムレツの値段ではなく、
オムレツのことを考えましょう。
＊（オムレツがおいしいことで有名な）エンバシー・スイーツ・ホテルの宣伝文句

郵便物の封を切ったわたしは招待状を目にしました。「あなたは私たちがハワイで開催する会議における基調講演者に選ばれました」。「やった！」。わたしは大声で叫びました——楽園への無料招待旅行です！　それから二ページ目を読みました。「会議の方針として、講演者の皆様への謝礼金はありません。また、航空運賃、宿泊費、食事代、会議への参加費は自己負担となります」

「うーん、それはないだろう」とわたしはぶつぶつ文句を言いました。謝礼を払って依頼してくるのがふつうじゃないか、経費も全部入れて！　わたしは憤然として手紙をごみ箱に放り込み、居間を歩きまわりました。

わたしはがっかりしていました。本当にハワイに行きたかったのです。落ち着かないので、気持ちをすっきりさせて感情を静めるために、座って瞑想することにしました。数分後、リラックスしたわたしにあるヴィジョンが訪れました。革のような肌をした老ヨギー（※訳注　ヨガをする人。ヨガの伝道者）です。ターバンを巻き、白いあごひげが長く伸び、きらきら光る目をしていました。ヨギーはわたしの目の前に浮かんでいるように見え、まるでわたしを祝福するかのようにやさしく微笑んでいました。間もなくわたしは乱れた心を忘れて、至福のやすらぎに包まれました。

瞑想から覚めると、かなり気分がよくなっていました。ハワイに行くという考えが頭の中でこだまし続けていました。そのとき、以前耳にしたこんな教えを思い出しました。決断を迷ったときは、お金を計算に入れずに考えてみること。

お金を気にしないとしたら、わたしはどうするだろうか？　そう、考えるまでもありません。まちがいなく会議に行くでしょう。それで心が決まりました。純然たる直感に基づいて、わたしはごみ箱から書状を取り出すと、承諾の署名をしました。

翌日の晩、友人が自宅で催すプログラムにわたしを招待してくれました。わたしはプログラムのテーマを知らなかったのですが、わたしの中の何かが「行きなさい」と言っていました。それでわたしはプログラムに参加するために、ニュージャージーの冷たい冬の夜、車を一時間ほど運転しました。到着するとすぐに、その夜のプレゼンターに会いました。彼は、まさにわたしが招かれたハワイの会議について話すためにその場にいることがわかりました。ビンゴ！　大当たりです。スクリーンに三枚目のスライドが映し出されたとき、わたしは口をあんぐりと開けました――その写真に写っていたのは、わたしが瞑想中に見たヨギーだったのです。「こちらはサン・キルパル・シンです」とプレゼンターが告げました。「ヒューマン・ユニティ・コンフェレンスの発起人です」。これ以上のサインは不要です！

ハワイに着いた朝、会議の主催者が海辺に連れ出してくれました。青い太平洋を背に、雄大な緑の山々が高くそびえています。暖かい波がわたしの足を洗うと、指のあいだで金色の砂が動くのを感じました。イルカやウミガメが優雅に波とたわむれています。あたりの環境の美しさ、清らかさ、緑の多さ、生命力はあまりにも圧倒的でした。これまでにひとつの場所でこれほどのやすらぎを体験し、こんなにも幸福に満たされたことがあったでしょうか。こんな安息の地が存在することすら、考えつきませんでした。わたしはふるさとにいました。

二年後、わたしはハワイに移住しました――これまでにおこなった選択の中でもっともよい選択のひとつでした。あのとき直感に従って本当によかったと思います。費用の自己負担がいやだからといって会議を無視しなくて正解でした。わたしがお金よりもやすらぎを優先した結果、すべてが変わったのです。

何かの選択に直面したときは、少しのあいだお金を条件からはずして考えてみましょう。そうすると、どうするべきかはっきりしてきます。わたしたちの多くはお金に関してあまりにも多くのネガティブ思考を抱き、すぐに動揺してしまいがちです。何かを選択する際にその金銭的要素が決定をぐらつかせて、混乱が生じます。不安ではなく直感を重視すれば、本当に望んでいることに従って、より健全な決定ができます。

もちろん、ときにはある決定をする上で金銭がやっかいな要素として立ちはだかり、そのような金銭的投資をしてまで計画を進めてよいのか、自信を持てないこともあるでしょう。そうした種類の決定をおこなうときは、自分自身に対する信頼度が試されます。自分の選択を心から受け入れている必要があるからです。あなたはただ、いま持っているもので全力を尽くして、情熱が存在する場所に意識を集中し続ければよいのです。気づけば、金銭的にもあなたのヴィジョンどおりにうまくいき、かつては夢想にすぎないと思われたことが現実になっているのがわかって、後から嬉しい驚きを感じることもあるでしょう。

成功した人はみな、何らかの信頼に基づいた賭けをしていますが、その賭けが経済的なものだった人もいます。彼らは物質的な援助が得られるのを待たずに、自らの喜びを追い求めました。お金を中心にして選択をおこなうかわりに、自分が選んだものを中心にしてお金がまわるのに任せたのです。喜びを優先して、その後でお金のことを考える習慣をつけると、どういうわけか財源があらわれます。居間にヨギーがあらわれることもあるのです。

自分自身を信じること。心の琴線は、誰の心の中でも力強く振動している。
——ラルフ・ウォルド・エマソン

豊かさを享受するヒント

1. 決定する必要があることで、考えたり検討したりしていることを三つ挙げてください。

1

2

3

2. お金のことを考慮に入れないとしたら、それぞれの状況であなたはどうしますか？

1

2

3

3. もしお金が無限に供給されるとしたら、ほかにはどんなやり方がありますか？

4. 毎日数分かけて、お金のことを考えなくてよいとしたらどうするかを思い描きましょう。そして宇宙が支援してくれるのを待ちましょう。

✖アファメーション

わたしを導く知恵は、わたしに必要なものを与えてくれます。

導きに従って決断すると、わたしは必要なものをじゅうぶんに与えられます。

第7部 見た目の状況に惑わされない

明確なヴィジョンを抱く人は、どんな状況でも成功する。

不安を感じていないふりをする

世界中のどこであれ、そこへ行くためにはまず、すでに到着していると確信することからはじめよう。

＊リチャード・バック

収入が乏しかったころ、お金はほとんどすべて請求書の支払いにまわり、楽しみのために使えるお金はほとんど残りませんでした。わたしは制約を感じ、身動きがとれずにきゅうくつで、心底好きなことをするためのお金がないことに不満を募らせはじめました。

そこで、もしお金があったら何をするだろうかと空想してみました。すぐにマツダのミアータ(※訳注　ロードスターの北米地域での呼称)が思い浮かびました。ミアータは発売されたばかりで、自動車業界で大旋風を巻き起こしていました。マツダのディーラーにはたくさんの人が押しかけ、数千ドルの店頭表示価格で流線型のスポーツカーを購入しています。わたしは思いました。もしお金があったら、ミアータを買って帰ろう。

わたしは少々ふざけて「そうであるかのように」振る舞ってみることに決め、車でマツダのディーラーに行き、試乗してみることにしました。最新のオープンカーで意気揚々と乗り出し、広々としたハイウェイを走りに出かけました。

ショールームを後にするときには、わたしはうきうきして、やってきたときとは比べものにならないくらい豊かな気分になっていました。ミアータを所有するという空想で遊んだために気分が高揚し、長いあいだ感じていなかった可能性の広がりを感じたのです。その体験がわたしの心のありようを変えました。これからは人生が上向くような気がしたのです。

まもなく経済状態がよくなって、前よりたくさんお金が流れ込むようになってきました。楽しみのために使えるお金も徐々に増えました。そして少しずつ気が楽になり、お金を自由に使うようになっていきました。結局、ミアータを買うことはありませんでしたが、ある日マツダのディーラーを車で通りすぎたときに、燃えるような赤色のRX－7コンバーチブルを見つけ、わたしは完全に惚れ込んでしまいました。当初の予算を大幅に超えていましたがすぐに車を購入して、それから何年ものあいだ、大いに楽しみました。

いまふり返ってみると、わたしのお金の転機は、ミアータを試乗した日に訪れたのだとつくづく思います。つかの間ではあっても豊かであるという経験をすると、宇宙からさらなる豊かさが届きはじめました。わたしの考え方が変化したとき、わたしの懐具合も変化したのです。

たいていの人は、もっと裕福になれさえすれば、もっと豊かな気分になるだろうと思っています。確かにそのとおりです。でも、もっと豊かだと感じられさえすれば、もっと豊かになれるということに気づいていません（この可逆の法則という非常に興味深い研究については、ネビル・ゴダード――ペンネームはネビルのみです――が深く掘り下げて書いています）。

貧乏だと感じてそのように振る舞っていたら、あなたは富を引き寄せることはできません。同様に、裕福だと感じていたら、貧しくなることはできません。望むもの、もしくは望むことを叶える手段をすでに手にしているかのように話したり振る舞ったりすることで、豊かさをくみ上げるポンプに呼び水を入れましょう。望むものを手に入れた状態を想像して味わい、すでにそうであるかのように想像に入り込むことができれば、あと少しでそれを手に入れるところまできています。

理想の状態にいるところを想像できれば、その状態を実際に生きるようになるのは時間の問題です。精神的、感情的、ときには肉体的にあなた自身を理想の世界に置いてください。理想がやってくるまで待たないで、自分から理想の場所に行くのです。地元のカルチャースクールで写真のクラスを受講するもよし、夢のバケーションを扱っているパンフレットを取り寄せるもよし、レコーディングスタジオのボランティア・アシスタントになるもよし、気になる人をデートに誘うもよし。突然、かつては無理だと感じられた目標が、可能だと感じられます。すぐ手の届くところにあると感じることさえあるでしょう。

なんとか抜け出したいと考えている状況については、あまり気にしすぎないことです。そこにエネルギーを使いすぎないでください。そうではなく、どこに行きたいか、なぜそこに行きたいのか、なぜあなたはそれにふさわしいのか、そこに行けたらどんな気持ちがするかについて話しましょう。あなたが上向きの発展方向へ思考と感情を注ぎ込むと、あなたの望む夢こそがあなたが引き寄せる状態の中心になり、悪夢を引き寄せることがなくなります。

あなたは自分で貧しいと思わないかぎり、貧しくありません。自分が貧しいと感じているなら、豊かだと感じる方法を見つければよいのです。あなたが豊かだと感じているなら、あなたは豊かです。そしてもしあなたが豊かでいるなら、宇宙はあなたの正しさを証明する方法を見つけて引き寄せるでしょう。

失敗することなどありえないかのように振る舞いなさい。

ものぐさと挫折という呪文を打ち破るために必要なのはそれだけです。

——ドルテア・ブランド

豊かさを享受するヒント

1．失敗することがありえないとわかっていたら実行したいことを三つ挙げてください。

1

2

3

2．買いたいけれどいまのところその余裕がないと感じるものを三つ挙げてください。

1

2

3

販売員に電話をかけて、購入を検討しているかのように振る舞ってみましょう。

3. いかにものごとがうまくいかないか、次々と望まないことが起こるかについて話すのに、どれくらいの時間とエネルギーを費やしていますか？

✖アファメーション

わたしは自分自身がつくりだす世界のことを感じて、考えて、話して、楽しんで、その世界で生きます。

心の中では、望むものをすでに手に入れています。

❋――不安を感じていない人に主導権を握ってもらう

不安がドアをノックした。自信がそれに応じると、ドアの外には誰もいなかった。

＊作者不詳

わたしがパートナーのディーとはじめて遠出したのは、壮大な内海航路（※訳注　ワシントン州シアトルからカナダを通過して北上する、大陸と島々の間を通る航路）を通ってアラスカへ行くセミナークルーズのときでした。帰りの航海でアメリカ領として最後に寄港するのはケチカンの町です。わたしはそこで、数箱の売れ残った書籍を自宅へ郵送することにしました。

わたしたちがタラップに近づくと、船員が、船から荷物を下ろすことは許可されていないと言いました。監督官と話がしたいと要求すると、すぐに監督官があらわれました。

わたしの話を聞くとその監督官はいったん自分のオフィスへ行き、戻ってくるとこう言いました――アメリカの通関業者と電話で話したところ、業者が桟橋でわたしたちと落ち合って自分たちのオフィスへ連れていき、そこで必要書類に記入を済ませると言っています。

栈橋に着いたとき、わたしはまだイライラしながらぶつぶつ言っていました。「このまま行きましょう」とディーがわたしに言いました。

「通関業者はどうするんだい？」とわたしは彼女にたずねました。

「保証するわ、通関業者は来ないわよ」。彼女は自信を持って言いました。「わたしはホテル業界で長年働いてきたでしょう。規則が状況にそぐわないときは、責任者が自分や部下や顧客の顔を立てながら、なんとか対処するものよ。さっきのも、うまいやり方の実例ね」

わたしは頭をかきながらあたりを見回しましたが、業者はどこにもいませんでした。ディーが正しいことを信じて、わたしたちは郵便局まで歩き、荷物を発送して、船に戻りました。通関業者はどこにも見あたらず、わたしたちの任務は完了しました。

その日わたしは、実践すれば人生に非常に大きな違いがもたらされる極めて重要な教訓、「いちばん不安を感じていない人に主導権を握ってもらう」ということを学びました。ディーのほうが状況を冷静に判断できたので、成功する手段を嗅ぎ分けるのに適任だったのです。わたしが主導権を握っていたら、船員たちにえんえんと意義を申し立てて、いつまでも目的を達成することができなかったかもしれません。ディーはわたしよりも不安を感じておらず混乱していなかったので、主導権を握るのにふさわしかったのです。

どんなパートナーシップ、ビジネス、チーム、人間関係でも、いちばん不安を感じていない人がいちばん主導権を握るのにふさわしい人です。もし誰かが怒っていたり、動揺していたり、自分自身の健康や安全を気にかけられない状況にあるとしたら、その人は肯定的な結果を生み出す力がいちばん少ない人です。いちばんリラックスしていて、頭がはっきりしていて、実現しうるいちばん高いヴィジョンを抱いている人が先頭を切ってパートナーシップや会社を代表するべきです。時期によって互いの役割が逆転して、ほかのパートナーやチームメンバーがその状況で必要とされる力と自信を発揮することもあります。その場合には、その人物こそがいちばん望ましい結果を生むリーダーです。

どんなときでも、パートナーの誰かひとり、もしくはチームメンバーの誰かひとりがきちんと中心にいる限り、危険なことはありません。危険にさらされるのは、全員が心の平和を失ったときだけです。『A Course in Miracles（ア・コース・イン・ミラクルズ）』にはこうあります――人間関係において必要なことは、いついかなるときでも誰かひとりが分別を保つこと。誰かひとりが健全ではっきりとした思考を保っていれば、嵐のあいだも、嵐を抜け出すときも、全員を導くことができます。

豊かさを享受するヒント

1. あなたの人間関係／ビジネス／チームで、選択／決断／回答を迫られていることについて考えてみましょう。

不安や憤りをいちばん感じているのはどの人ですか？

リラックス、自信、信頼に満ちているのはどの人ですか？

いちばん不安を感じていない人が健全な選択をするのにいちばん適任であるとしたら、それはなぜでしょうか？

2. あなた個人として、選択／決断／回答を迫られていることについて考えてみましょう。

不安や憤りをいちばん感じているのは、あなたの中のどんな心の声ですか？

リラックス、自信、信頼に満ちているのは、あなたの中のどの部分もしくはどんな心の声ですか？

あなたの中でいちばん不安を感じない部分もしくは心の声が、健全な選択をするのにいちばん適任であるとしたら、それはなぜでしょうか？

3. 過去において、不安を感じながら選択したものごとを見直してみましょう。どんな結果になりましたか？

4. 過去において、やすらぎを感じながら選択したものごとを見直してみましょう。どんな結果になりましたか？

✖アファメーション

わたしは信じてついていきます。確信がわたしを導きます。

待つという知恵

何を好むべきなのか、
世の中が示す模範解答にひっそり「アーメン」と同意の言葉をつぶやくよりも
何が好きなのかを自分自身が知っていれば、それが魂を生き生きとさせる。
＊ロバート・ルイス・スティーヴンソン

一九七〇年代のガソリン不足のころ、わたしは新しい車の購入を考えていました。地元にあるホンダのディーラーを訪ね、燃費が極めてよいことを売り文句にしていた新しいシビックを念入りに検討しました。気が済むまでシビックを見た後で、わたしは販売員に、もう少しほかの車も見てよく考えてから決めたいと言いました。

「いいんですか」と彼は不吉な声でわたしに警告しました。「今夜、カーター大統領がテレビに出演してガソリンの配給制を発表する予定です。明日の朝には、この車を競って求める人々が長蛇の列をつくりますよ。そうしたら値段がどのくらいつりあがるかわかりませんよ」

わたしは恐怖で震え上がりました。いますぐ車をかっさらっていくべきかもしれない、飢えた群衆が殺到する前に。でも、わたしの中の何かがこう言いました。「不安におびえて行動するな」。その声は取り乱した金切り声よりもずっと真実味があって、わたしは気分がよくなりました。わたしは販売員に、成り行きに任せてみるよ、と言って落ち着いてショールームを出ました。

カーター大統領はガソリンの配給制を発表し、一週間後、もう一度ホンダのディーラーに行きましたが、以前見たときと同じ車が、そのままの位置でショールームに展示されていました――価格も一週間前と同じです。ショールームは群衆によって破壊されておらず、静穏そのものでした。

新しい車を運転してディーラーを後にしながら、わたしは二重に満足していました――まず、心から欲しいと思う車を見つけたことに対して、そして、不安ではなく自信から行動したことに対しても。

物を購入したり、仕事上の取引をまとめたり、新しい人間関係を築いたりするときには、プレッシャーや脅しに屈してはいけません。何かを決定するときに、恐怖はもっとも不健全な動機です。どんな行動をとるにせよ、それが無理強いされたことであれば、あなたはおそらく後悔することになります。

購入したりサインしたりすべきだというプレッシャーを感じたら、一息ついて一歩離れてみましょう。もう少し時間が必要だと販売員に告げましょう。誠実な販売員ならあなたの言葉を理解してくれます。そこで高圧的な戦略に出てくる販売員だったら、「契約してはいけない」という警告を感じてください。

マスコミや広告業界は、消費者の主体性のなさにつけ込むさまざまな手法の脅し作戦をとり、人々にプレッシャーをかけて商品を購入させようとします。「商品が残っているうちにお電話ください」「深夜零時までのディスカウントとなります」「これが最後のチャンスです」。さらに巧みな商売人になると、気を滅入らせたり、驚かせたりするような統計を引き合いに出して怖がらせ、あなたからお金を引き出そうとするかもしれません。

購入や行動に確信が持てないときは、確信が持てるまで待ちましょう。立ち去ってもそのことが頭から離れないかどうか確かめましょう。そのことを考え続けるようなら、戻って買ってよいというしるしです。そのことを忘れてしまうようだったら、つまりそれが答えです。「まちがいない！」と確信を持てないなら、買うことは「あり得ない！」のです。

目的を達するための手段はひとつではないと考えることも大切です。異なるアプローチのどれをとっても、結局はうまくいく可能性があるのです。不安に導かれて何かを選択しても、よい結果は期待できません。

差し迫った決定の場合にも、考える時間がたっぷりある決定の場合にも、恐怖から何かを選択することはよい結果をもたらしません。聖書には預言者テモテのこんな言葉がありま す。「神はわたしたちに不安という霊(スピリット)をお与えになってはいない。力と愛と健(すこ)やかな心という霊をお与えになったのだ」。あなたはいつでも健やかな心を働かせることができます。健やかな心でいれば、真に自分にふさわしいものはいつでも完璧な手段とタイミングでもたらされることがわかるでしょう。

豊かさを享受するヒント

1．あなたにプレッシャーをかけて決断を迫っている人はいますか？

そのプレッシャーをどう感じますか？

選択をする前から行動を強制されていると感じますか？

いまよりも不安を感じておらず、もっと自信があるとしたら、どんな行動をとりますか？

2. 誰かにプレッシャーをかけて決断を迫っていますか？

なぜ決断を迫っているのですか？

いまよりも不安を感じておらず、もっと自信があるとしたら、どんな行動をとりますか？

3. 過去において、やすらぎと迷いのなさが動機となって決断したときのことを考えてみましょう。

結果はどうなりましたか？

アファメーション

わたしは迷いがなく、自分自身に力強さを感じるときに選択します。
すべてのものごとにはふさわしいタイミングがあり、
わたしにぴったりあうものは向こうからわたしのもとへやってきます。

第8部 ピンチをチャンスに変える

視点を変えれば力が湧いてくる。

しかし、捨てられたくずやかすの中に、
いつでも、必ず何か心に残るものがある。

＊ラルフ・ウォルド・エマソン

計算すると

五〇〇ドルの小切手を現金化してからお気に入りのビーチへ車を走らせ、車のグローブボックスに財布を入れたまま一泳ぎしたときのことです。戻ってみると、車上荒らしにあって財布とお金が盗まれていました。なぜ、よりによって今日、ほんの短時間離れていたすきに、車上荒らしにあったのでしょうか?

数時間のあいだ、わたしはその損失のことで悩み続けましたが、やがて自分が心の平和を失っていることに気づきました――五〇〇ドルよりもはるかに大きな損失です。

ようやく、わたしは自分が豊かな宇宙に生きていることを思いだしたのです。人生で、必要なものを手に入れるためのお金はいつでもじゅうぶんにありました。宇宙は一貫してわたしに必要なものを与えてくれたし、これからもそうでしょう。長い目で見ればこの損失は大きな違いをもたらさないはずです。たぶん、まったく問題ではなくなる日がくるでしょう。こうした考えのおかげでイライラした感情が静まり、明るく自由な気分になりました。

一週間後、会議を企画運営している大きな団体から電話がかかってきました。予定していた講演者が突然キャンセルしたので、かわりを務めてもらえないかというのです。その後、近くで開催される別のプログラムについても話がまとまりました。結果的に、その週末、わたしは一万五〇〇〇ドルを超える収入を得ました。

家に帰ったわたしは計算をしました。出ていったのが五〇〇ドル、入ってきたのが一万五〇〇〇ドル。悪い取引ではありません!　人生がわたしに必要なものを与えてくれたのです。ふり返ってみると、積極的に当面の損失をあきらめようとしたこと、人生の全体像に対して率直に感謝する見方を保とうとしたことが、大きな利益を引き寄せたのだと感じます。

もしわたしが泥棒のことで不平を言ったり、自分に被害者の役を割り当ててその話を繰り返したりしていたら、大きな利益とはエネルギー的に釣り合わなかったでしょうから、おそらくそれを引き寄せてはいなかったでしょう。

一時的な損失は、これから起ころうとしている大きな幸運に比べれば、とるにたりないものです。「悪い」できごとはささいなことでしかなく、うまくいっているすべてのものごとを示すレーダースクリーン上では、ほとんど感知できないほどの小さな点にすぎません。悪いことに影響力があるように思えるのは、自分がそれにこだわっているときだけです。うまくいっていないことから意識をそらせば、たくさんのうまくいっていることが見えるでしょう。あなたがよいことを見つければ見つけるほど、ますます多くのよいことがあなたを見つけてあなたに向かってやってきます。

豊かさを享受するヒント

1. 最近経験したことで、それを考えるとイライラしてしまうことはありますか。その経験をどのような視点でとらえなおせば、気分がよくなるでしょうか？

2. あなたが何度も繰り返し話している不幸話はありますか？

潜在意識に「被害者アラーム」を設置しましょう。何か苦しいことが起きたら、それを話すのは三回までにします。話をするたびに、その経験をとおしてあなたが何を得たかに焦点をあてて、新しいレベルの力が湧いてくるようにしましょう。三回話したら、後は忘れましょう。

3. 嫌なことをありがたい経験に変えるコツや、嫌なことをすぐに忘れるコツを知っている人は誰ですか？

その人から何を学ぶことができますか？

✖ アファメーション

わたしは一時的な障害を気にせずに、幸せの全体像に意識を集中し続けます。

❋——誰かが「イエス」と言ってくれる

切手のようであれ。目的地に着くまで離れるな。

＊ハーヴェイ・マッケイ

出張旅行の終わりに、ハワイへ戻る便の日付を変更する必要が生じました。午前九時の便に乗りたいと考えていたわたしは八時に空港に着きましたが、チェックインカウンターでこう言われました。「大変申し訳ありませんが、本日はマイルをご使用になれません。マイレージサービスの特典除外日となっております」

ふうむ。なんとかなるだろう、とわたしは考えました。ロビーを五メートル歩いて公衆電話まで行くと、航空会社に電話をかけました。九時の便のチケットをマイルで引き換えたいと予約係に告げると、カウンターで言われたのと同じ答えがかえってきました。わたしは礼を言って電話を切り、また電話をかけて別の予約係にわたしの要求を伝えました。彼女も今日はマイルを使えないと言いました。わたしは電話を切り、もう一度電話をかけて、別の予約係に要求を伝えました。今度はそれまでとは違う反応が返ってきました。「かしこまりました。喜んでその便を手配させていただきます」。ビンゴです。一時間後、わたしはにこにこしながら帰りの飛行機に乗っていました。

たくさんの人に頼んでみれば、いつかは誰かが「イエス」と言ってくれます。もし何かがあなたにとって本当に重要だったら、一度目の拒絶であきらめてはいけません。二度目でも、三度目でもだめです。イエスと言われるまでに三回でも一〇回でも三〇回でもノーと言われるかもしれませんが、それでもいつかはイエスと言ってもらえます。どこかにあなたの意図に共鳴する誰かがいて、あなたの意図を実現するのを助けてくれるからです。

拒絶されることは、何度拒絶されるにしても、必ずしもあなたのプロジェクトに価値がないことのあらわれではありません。それはたいてい、単に希望者と拒絶者のミスマッチをあらわしているだけです。もしくは、要求を拒んだ人の側に見る目がなかったのかもしれません。偉大な芸術作品や文学作品の中には、多くの人々が見過ごした作品もたくさんあります。ヴィンセント・ヴァン・ゴッホは存命中、ほんのわずかな金額で一枚の絵を売っただけでした。最近、彼の絵の一枚が一億三五〇〇万円で売れました——一枚の油絵に支払われる金額としては最高の金額です。大ベストセラーとなった寓話『かもめのジョナサン』は、マクミラン社が出版を決める前に一七の出版社に断られましたが、何百万部も売れ続けています。

外の世界からの反応は、あなたの中の信念を反映しています。もしあなたが自分自身に疑いを抱いていたら、他人もあなたに疑いを感じます。あなたが自分自身と自分のプロジェクトを信じていれば、外の世界にいる誰かも信じることになります。ヴィジョンを実現する過程とは、自分の中にある力を信じる練習なのです。もし、あなたが自分自身の内部で（無意識にでも）自分を強く拒絶していたら、あなたは外の世界でも強い拒絶を受けます。混乱した感情を抱いていれば、混乱した結果を招きます。自分には受け入れられる価値があると確信していれば、誰かがあなたを受け入れます。あなたが自分を信じて、自分がその信頼のすべてにふさわしいことをはっきり理解していれば、宇宙はそれと同じ信頼を返してくれることになります。

宇宙は「イエス！」と言う大きな機械です。人生のすべてはあなたが可能性を肯定することで現実となります。あなたの役割はものごとを起こそうとして奮闘することではなく、「イエス！」が存在する場所と心をひとつにすることです。あなたがそうすると、ドアが開いてあなたを受けとめる腕があらわれます。

豊かさを享受するヒント

1. やり遂げるまで耐える必要のあったプロジェクトのことを述べてください。

自分の中の信念と、その信念が疑いから確信へと徐々に変化したことが、どのように現実に反映されたでしょうか？

2. いま、やり遂げるまで耐えることを求められているプロジェクト、夢、目標がありますか？

心の中でそのプロジェクトに対して抱いている何らかの疑念や混乱した意図が、どのように障害として現実に反映している可能性がありますか？

あなたはなぜその目標を実現したいのですか？

あなたはなぜそれにふさわしいのでしょうか？

✖アファメーション

わたしの才能とヴィジョンは、賛成の声を響かせるのにふさわしいものです。
わたしが自分自身に「イエス」と言えば、人生がわたしに「イエス」と言います。

※――必要とした時間

偉大なものごとは衝動でなされるものではなく、
小さなことをこつこつ続けた結果である。

＊ヴィンセント・ヴァン・ゴッホ

フランスの魅力的なリゾート地ニースで、ある朝、ジョアンという名前のアメリカ人女性が青空市場をまわってショッピングをしていると、有名な画家パブロ・ピカソに似た元気な老人が、腕にスケッチブックを抱えているのを見つけました。ジョアンは震えながらその男性に近づいてこうたずねました。

「あの、あなたはパブロ・ピカソですか？」

「そうです」と老人は穏やかに答えました。

興奮がジョアンの全身をかけ巡り、言いました。「あなたの大ファンなんです。なんとかして数分お時間をいただいて、わたしをスケッチしていただけませんか？　もちろんお金は払います」

ピカソは一、二歩下がって、彼女の容貌を観察すると、にっこりして「いいですよ」と言いました。

ジョアンは嬉しさで気が遠くなりました。近くのカフェまで一緒に歩き、静かなテーブルにつくと、ピカソはスケッチブックを開き、ポケットから小さな木炭を取り出して、作品にとりかかりました。十五分後、彼はスケッチブックの向きを変えてジョアンに完成品を見せました。なんてすばらしい――本物のピカソです。しかも題材は彼女なのです！

ジョアンはその似顔絵を受けとって抱きしめ、偉大な画家に何度もお礼を言いました。彼女はハンドバッグを開けると小切手帳を取り出してたずねました。「いくらお支払いすればよろしいでしょう？」

「五〇〇〇ドルです」ピカソは淡々とそう言いました。

ジョアンはぽかんとしました。「五〇〇〇ドル？　でも、失礼ですけど、この絵を描くのに十五分しかかかっていませんよ！」

「それは違います」彼は落ち着いて答えました。「あなたはおわかりになっていない。わたしはこの絵を描くのに八十年と十五分かかったんです」

あなたの知識や行動のひとつひとつに、これまでに学んだり経験したりしてきたことが反映されています。あなたが自分で経験したり、他人の人生から学んだりした成功と失敗のすべてが、あなたの知恵と技能として生かされています。あなたは、あなたをここまで導いてきた貴重な経験すべてに支えられて立っているのです。

サービスを提供したり、手数料や契約の交渉をするときは、あなたが技能を習得するまでの経験が適切な対価を決めると考えましょう。ある分野では経験不足だとしても、別の分野で獲得した技能が応用できることもあります。優秀なセールスマンは何でも売ることができます。車の売り方を知っていれば、業界についての知識を学ぶだけでコンピューターを売ることもできるのです。いったん技能を習得すれば、それは生涯あなたから離れません。

雇用主やクライアントはあなたの仕事に対して何らかの報酬を払いますが、あなたの知的活動に対してはもっと多くの報酬を払います。映画館の売店でポップコーンを盛りつけることができる人はたくさんいますが、多くの人を引きつけるポップコーンの広告をデザインできる人はあまりいません。あなたの発想はあなたの行動よりもずっと価値があるのです。ですからもっと行動しようとするよりも、もっと考えましょう。もっと感じましょう。もっと自分自身の個性を大切にしましょう。長時間働いたり、好きではない仕事で懸命に努力したりするよりも、自分自身の創造性を生かす道を探したほうが、ずっと早く確実に出世します。知識は力であり、経験を積み重ねることで生きた知恵が身につきます。

あなたがある分野では経験が浅いとしても、これまでの人生で築いてきた知恵という預金口座につながる方法を知っているなら、驚くほどの資源を自由に利用できることになります。成功するにはどれくらいの時間が必要でしょうか? 自分自身の知恵を生かせるようになるまでの時間が必要です。自分自身の価値を認めて、知恵の豊かさに応じた対価を求めることが、ひいてはあなた自身、あなたの仕事、あなたのクライアントを大切にすることにつながります。

豊かさを享受するヒント

1. これまででもっとも意義深い仕事は何でしたか。その仕事をとおして何を学びましたか?
2. これまででもっとも意義深い人間関係は何でしたか。その人間関係をとおして何を学びましたか?
3. これまででもっとも意義深い人生経験は何でしたか。その経験をとおして何を学びましたか?

4. 仕事や人生における経験をとおして身につけた知恵と技能にふさわしい報酬を受けとっていると思いますか？

もし受けとっていないとしたら、あなたの技能と経験のレベルにふさわしい料金や給与はいくらだと思いますか？

5. もしあなたが仕事や人間関係を変えようとしていたり、少し変化をもたらすことを考えているとしたら、あなたが新しい場所で成功してじゅうぶん報いられるにふさわしい人間であるのは、どんな経験をしてきたからであるかを述べてください。

✖アファメーション

いまのわたしはこれまでで最高の状態にいます。
わたしは自分の能力と経験にみあう報酬に値します。
わたしは自分の技能を最大限に生かして成功し、運命を切り開きます。

第9部 互いにとってすばらしい存在であれ

人を大切にすれば、あなた自身も報われる。

——そこにいるのがあなたの仕事

成功というものはたいてい、成功を追いかけるには忙しすぎる人のところへやってくる。

＊ヘンリー・デイヴィッド・ソロー

母が他界して間もないころ、キャロルという女性から連絡があり、彼女が個人的に主宰している自己啓発団体のためにセミナーを開いてくれないかと頼まれました。「謝礼はどれくらいお支払いすればよろしいでしょう?」とキャロルが言いました。当時わたしは謝礼として、五〇〇ドルもしくは純利益の五〇パーセントのどちらか多いほうを請求していました。キャロルの団体はあまり大きくないようだったので、純利益の五〇パーセントが大きな数字になることもないだろうと考えて、五〇〇ドルという均一料金のみを伝えました。

一週間後、セミナーを宣伝するチラシのサンプルが届きました。驚いたことに、キャロルが設定していたチケット料金は、前金で二五ドルに加えて当日三〇ドル払うというものでした。合計すると当時のセミナー料金の相場の約二倍です。わたしは胃が縮むのを感じました。料金が高すぎて、ほとんど参加者が集まらないだろうと思ったからです。キャロルに電話をかけて、チケット料金を下げるようにアドバイスしようとしましたが、わたしの内なる声に強い調子で止められました。声はこう言いました。「彼女がいくら請求するかはお前に関係ない。お前の仕事はそのときその場所に存在して聴衆に洞察力とひらめきを与えることだ。金のことを管理しようとするのはやめろ。彼女には彼女のやり方がある」。その声にはとても説得力があったので、わたしは降参しました。

セミナーの数週間前、わたしはキャロルに電話して、申し込みがどれくらいあったか聞いてみました。「すばらしいです！」と彼女は興奮した声で言いました。「チケットは五〇枚売れました」。電話を切ったわたしは電卓を取り出しました。うーん。もしわたしが通常どおり、純利益の五〇パーセントという項目を契約時に伝えていたら、謝礼は五〇〇ドルよりも多かったでしょう。もう一度キャロルに電話をかけて交渉するべきかと思いました。そのとき、例のうっとうしくも信頼すべき声がまた口を開きました。「取引は取引。チケットの料金はお前には関係ない。お前の仕事は、そのときその場所に存在して光を放つことだ。金のことは忘れて、文句を言うのをやめなさい」

わかりましたよ、忘れます。

セミナー一週間前にキャロルから電話がかかってきました。「チケットの売り上げは好調です！」彼女は楽しげに言いました。「これまでに一〇〇枚売れました！」それはよかった、と考えながら、わたしは電卓を取り出しました。通常どおりの料金形態を伝えていたら、稼ぎは五〇〇ドルよりもはるかに多かったはずです。彼女に電話をして、わたしの取り分を上げてくれるよう頼むべきではないでしょうか。そのとき、また声が聞こえました。「このままにしておけ。お前は癒し手(ヒーラー)であって商売人(ディーラー)ではない。自分の役目を果たせば、後はすべてなるようになる」

わかりましたよ、このままでいいです。

セミナー当日、わたしの前には一三七人の聴衆がいました。たちまちわたしの心の計算機が計算をはじめ、わたしはまたしても、もっとよい条件で交渉しなかったことを嘆きはじめました。不公平すぎる、と思ったのです。キャロルは不当に大きな取り分を受けとって、わたしは少ない取り分しかもらえません。最後にもう一度、声が言いました。「すべてうまくいっている。たくさん聴衆がいることに感謝しなさい。立ちあがって役目を果たすんだ」

わたしは悩みを心から追い出して、自分にできる限りのことをしようと思いながらセミナーをはじめました。たくさんの人が精神的な高揚を感じたり、インスピレーションを受けとったりしました。ガンを患っている女性は、まったく異なる視点でものごとを見られるようになりました。その夜セミナーが終わるころには、わたしは完全なやすらぎを感じながら、そのセミナーにとても満足していました。

集まった人々が散会すると、キャロルはわたしと一緒に座って精算をはじめました。彼女は小切手帳を取り出してこう言いました。「今晩のセミナーは大成功でしたね。純利益の五〇パーセントずつを分けるのが公平だと思うんです」。そしてわたしに一一〇〇ドルの小切手を差し出しました――それまでに一回の講演でもらった最高額です！　わたしは感動しました。

翌日、母のかかりつけの医者から、郵便で最終的な請求書が届きました。封筒を開けて請求額を見たときの驚きがご想像いただけるでしょうか。請求額は一一〇〇ドル――前夜のセミナーで得た収入と、ぴったり同じ金額だったのです。わたしはその収入に感謝しながら医者に小切手を書き、自分自身よりもはるかに大きな存在が、起こったことのすべてをうまく調整していたのだとつくづく感じました。

そこにいるのがあなたの仕事です。自分自身でいて、自分がいちばんうまくできることをやり、喜んでそこにいたいと思う場所にいましょう。後は人生があなたのために使う魔法に身を任せればよいのです。

豊かさを享受するヒント

1. お金のことを気にして、もっと大切なことから気持ちがそれてしまうことがありますか？

自分にとって大切なことをお金よりも優先すると、気分がどんなふうに変わったり、行動がどう変わったりするでしょうか？

2. すべてをコントロールしようとしているが故に、不愉快な気持ちになっている状況が存在しますか？

細かい手順をすべて天に任せたら、気分がどんなふうに変わったり、行動がどう変わったりするでしょうか？

3. あなたが人生でもっとも尊重しており、いつでも最優先にしたい「いちばん大切なこと」は何ですか？

4. あなたが個人的な使命に忠実でいるとき、あなたは誰で、どのように感じ、どのように振る舞いますか？

いちばん大切なことを最優先にし続けたときのこと、そしてその結果どうなったかについて述べてください。

✖アファメーション

ここにいるのがわたしの仕事です。
大事なことを本当に大事にし続けると、
すべてはますますうまくいきます。

一杯のお茶によるもてなし

時でも、場所でも、環境でもなく、人の中に成功がある。

＊チャールズ・B・ルース

わたしの家の近くにある小さな町で、いくつもの飲食店が失敗し続けるいわくつきの場所に、ジャックという男がレストランを開店しました。数カ月のうちに、ジャックのビストロは大繁盛しました。理由はあきらかです。ジャックは自分の料理に誇りを持ち、良心的な価格設定をおこない、居心地のよい雰囲気を演出し、品のよいウエイトレスを雇い、客たちと気さくにおしゃべりをしていました。まもなくジャックのビストロは、多くのファンに絶賛され、評判は遠くまで伝わり、町で食事やパーティーをするときには真っ先に思い浮かぶ人気の場所になりました。

ジャックの店がますます繁盛を続けた数年後、店の大家が賃貸料をとてつもない金額に値上げしました。ジャックは暴騰した賃料を払う気になれず、店をほかの起業家に売却しました。その後しばらくは、新しくオープンした高級志向のレストランでもジャックのサービスが引き継がれているかもしれないと期待した客たちがやってきました。しかし、新しい経営者には前任者の才能がないことがすぐにわかりました。その後、店の経営は急速に悪化し、数カ月して新しい店は閉店しました。

しばらくして嬉しい知らせが町にもたらされました。以前の店と通りをはさんだ向かい側に、ジャックが新しいレストランを開店したのです。うわさは広まり、数週間のうちに店は上機嫌の客たちで大繁盛しはじめました。それから数年経ったいまもやはり、ジャックの評判にひかれて世界中から客が集まってきます。こうして伝説のジャックのビストロが再開したのは、ジャックの忠実なファンにとって大変喜ばしいことでした。

中国には「一杯のお茶によるもてなしが一人前にできるようになれば、何でもできる」ということわざがあります。自分が選んだ分野において（もしくはどんな分野でも）いったん成功の仕方がわかったら、どこへ行ってもその能力を活用できます。自分なりの技能を自由に駆使できる人にとっては、周囲の条件はあまり重要ではありません。彼らは条件が悪いからといって失敗したりしません。なぜなら、自ら条件をつくりだすからです。

何かひとつのことをうまくやる技術を身につけたら、ほかの何をやってもうまくできます。だからこそ、それが何であれ、いまやっていることに注意をすべて集中させることが大切です。ちっぽけすぎてベストを尽くすに値しないことなど何もありません。一見重要ではない日常の仕事を愛情を込めて完璧にこなす習慣があれば、大きなものごとを達成する機会が訪れたときに、必要な技能と経験がすべて身についています。

友人のミリーは自己啓発スクールを運営して成功しています。あるときミリーに会うと、彼女はこれから新しくはじまるセミナーの第一回目のクラスを教えに出かけるところだと言いました。

「幸運を祈るよ！」とわたしは言いました。

「ありがとう」とミリーは答えました。「でも幸運は必要ないわ。わたしは成功するようにプログラミングされてるから」

ジャックやミリーのように、そしてあなたやわたしも、自分自身を成功に向けてプログラミングすることができます。発明の才能がある人は、いまあるものを利用して自分が欲しいものをつくります。自分が成功するやり方で外界の状況に対処するので、何をやっても成功します。偉大な思想家はさまざまな分野で非凡な才能を発揮することが多いものです。画家、科学者、数学者だったレオナルド・ダ・ヴィンチはその典型でしょう。ベンジャミン・フランクリンは著述、印刷、科学、政治分野で秀でた才能を発揮しました。わたしたちと同時代に生きるスティーブ・ジョブズは、マッキントッシュコンピューターを開発し、ピクサー・アニメーション・スタジオを設立して、ｉＰｏｄをつくりあげました。何かひとつの分野で自分なりのやり方を身につければ、何をやってもうまくいく能力を開発したことになるのです。

いま目の前にある仕事は、最高の技能を習得するためのチャンスです。天から授かった才能を生かそうとするときに、報われない役回りも、手に負えない任務もありません。家主、景気、経歴、占星術、そのほかどんな条件であっても、あなたを制限したり、阻止したりすることはできません。必要とあらばジャックのように、もう一度立ち上がって通りの向かいでやり直せばいいのです。その場所にはあなたを理解してきちんと評価してくれる人がいて、きっとあなたを見つけて支えてくれます。

豊かさを享受するヒント

1. あなたがたいていうまくやれるのはどんな分野の活動ですか？

　何をしたり、どう働きかけたりすることで、その活動はうまくいくのですか？

2. 何をやっても成功する人か、特別な才能があってその才能を発揮するといつでも成功する人の名前を挙げてください。

その人から何を学ぶことができますか？

3. 目の前の仕事が究極の目的ではないときでも真剣に取り組み、それに最大限集中して、手にする成果を最大にするにはどうすればよいでしょうか？

✖アファメーション

わたしにはあらゆる条件下で成功する力があります。

わたしが目標とする場所で本領を発揮できるのは、全身全霊をかけて集中しているからです。

※――掃除のおばさん

毎朝目覚めると晴れ晴れとした笑顔になること。さまざまなチャンスを与えてくれることに畏敬(いけい)の念を抱きつつ、これからはじまる一日にあいさつすること。目の前にあるすべてには、ちっぽけなものの中にさえ、わたしが目指す「究極の目的」があると考えること。口には微笑みを浮かべ、心には愛を抱いて人々とつきあうこと。いつも穏やかで、親切で、礼儀正しい人間でいること。眠りをもたらす疲れと、仕事の達成感からくる喜びに満たされて夜を待つこと。これが、わたしが望むすばらしい毎日の過ごし方である。

＊トマス・D・カーライル

あなたは仕事をうまくこなすためにコツコツと努力しているかもしれませんが、仕事にはそれと同じくらい（おそらくはもっと）重要なもうひとつの側面があります。ライフワークの本質をとらえた、心を打つ逸話をご紹介します（※訳注　『自分の仕事　好きですか――こころのチキンスープ5』にもジョアン・ジョーンズ寄稿として所収されています）。

看護学校に入って二カ月目のころ、先生が抜き打ちテストを実施しました。わたしは勤勉な生徒だったのでテスト問題は難なく解けましたが、最後の一問は別です。

「この学校の清掃員をしている女性のファーストネームは何ですか?」

この問題はきっと冗談にちがいありません。わたしは何回か掃除のおばさんに会ったことがありました。背が高くて、黒髪で、五十代に見えました。でも名前なんて知っているわけがありません。

最後の質問に対する答えは空欄にしたまま、わたしは解答用紙を提出しました。授業が終わる前に、ある生徒が、最後の設問もテストの点数に関係しているのかと先生に聞きました。「もちろんです」と先生は答えました。「仕事をはじめると、あなたがたはいろいろな人に出会います。その全員がかけがえのない人です。気にかけて、大切に思うに値する人たちです。にっこりしてあいさつするだけでもいいんですよ」

わたしはその教えを決して忘れませんでした。そして、おばさんの名前がドロシーだということも覚えました。

ビジネスをつくっていく秘訣（ひけつ）は、人間関係を築き上げることです。人を操ることでも目先の利益は得られるかもしれませんが、クライアントや同僚とお互いに尊敬しあったよい人間関係を築かなければ、あなたの利益は長続きしません。いちばん成功している人たちは、お金を稼ぐことだけを目的にせず、友人をつくることを心から大切にしています。

人間関係を大切にすることで成功をおさめると、それはあなたの組織にいるすべての人々に浸透していきます。

一カ月に一度の割合で、従業員と同じ仕事をするということを実践していた、あるホテルのCEOの話を聞いたことがあります。彼は、ある日はフロントデスクで宿泊客に対応し、別の日はレストランで食事を出し、また別の日は部屋係のメイドと一緒にリネン類を交換しました。彼はその過程で友人をつくり、思いやりをはぐくみました。その思いやりが、彼を有能なリーダーにして成功を引き寄せたのです。

わたしの著書が役に立ったという、熱のこもった手紙をある女性から受けとったことがあります。わたしは彼女が時間を割いて手紙を書いてくれたことが嬉しくて、礼状を送りました。数年後、彼女はわたしのセミナーに参加してくれました。そのとき、わたしが彼女に個人的な返事を書いたことに感銘を受けたのでトレーニングに参加を決めたと言いました。そのプログラムの授業料は一〇〇〇ドルでした。ビジネスの観点からいえば、わたしが個人的に手紙を書いたことが一〇〇〇ドルの収入をもたらしたともいえます。もちろんそのために彼女に返事を出したわけではありませんが、それでも、わたしが他人への気づかいを優先順位の第一位に置くと、宇宙もわたしの物質的要求を気づかってくれたということです。

現代社会では、物質的成功を気にしすぎるあまり、たくさんの人々、企業、団体は、悲しいことに人間的要素を後まわしにしています。極端な場合には、思いやりの心をすっかり失って、最終的な収益のことしか頭にない会社もあります。けれども、人を思いやったり、思いやられたりすることよりも最終的に価値のあることなど存在するでしょうか？　ヴォルテールは「互いの人生を楽にするためでなかったら、わたしたちは何のためにここにいるというのか？」と問いかけました。不思議なことに、相手の人生を楽にしようとすると、自分にとっても人生が楽になります。

人を大切にすれば、あなた自身も報われます。

豊かさを享受するヒント

1．組織の末端で働いている人で、職場もしくは日常生活の場であなたの一日に影響を及ぼした人がいたら、その人のことを思い浮かべてください。

その人は、会社の上層部から浸透してきた姿勢やエネルギーを、どのように体現していると思いますか？

2. 二組の人々、たとえば会社のＣＥＯと路線バスの運転手では、どちらのほうが心の平和を感じていると思いますか？

3. あなたは時間をとってドアマンや、郵便局員や、料金所の係員や、道路工事の作業員に話しかけていますか？

その人達に対して感謝や敬意を示すには、どうすればよいでしょうか？

✖ アファメーション

わたしは自分が一緒に働く人々の心（スピリット）を大切にします。
わたしは人間関係を築くことで、仕事を発展させます。

※——国税庁（ＩＲＳ）を祝福する方法

感謝しないなんて、頭がおかしいのだ。

＊ジョージ・トルトゥガ

アリスは小切手を書くときにいつも、メモ欄に祝福の言葉を書き添えます。ある年の四月、請求書を処理しながら、税金を支払うために国税庁あての小切手を書いたときのことです。アリスは一瞬手を止めて、こう考えました。「わたしは本当に国税庁を祝福したいのかしら？　国税庁の誰かがメモを見て喜んだりするかしら？」

少し考えてから、アリスは幸せを循環させる法則に例外はないという結論に達しました。彼女はこう思いました。「たぶん、国税庁にも、ほかの人や会社と同じくらい祝福が必要なはずよね——むしろもっと多いかも」。それでアリスはペンをとって小切手のメモ欄にこう記しました。「平和と喜びがあなたとともにありますように」

その数カ月後、小切手口座の残高を照合していたアリスは、国税庁に送った分の支払い済み小切手を目にしました。驚いたことに、その小切手の裏面には、手書きでこんなメッセージが添えられていました。「あなたにも平和と喜びがありますように」

どんな行動も、他人への祝福というレベルまで高めることができます。一瞬一瞬、わたしたちは愛か不安かのどちらかを選択します。不安にかられた行動は、世界を地獄に変えます。愛を選ぶとき、あなたは世界を天国に近づけます。選ぶのはあなたです。

税金その他の義務的な支払いは、エネルギーを高いレベルに保って無駄にしないための練習をする絶好のチャンスです。お金のことでイライラしているときには、あなたは自分に向かってくるお金の流れを妨げています。リラックスして気を楽にしていると、ドアが開いてどんどんお金が入ってきます。祝福を与えると、この原則がはっきりと理解できるようになります。「神を超えることはできない」のです。あなたが与えれば与えるほど、神があなたに与えるものはますます多くなり、あなたはさらに多くを与えることができるようになります。

お金は、それがどんな意図であれ、あなたがお金に抱く意図を帯びます。お金のことであなたと口論しようと考えている人がいる場合、あなたはその人のレベルにあわせてけんかするかどうかを自分で選択できます。けんかをしたいと思う人はいつでもどこでもその理由を見つけ出しますし、お金には争うだけの価値があると考える人はたくさんいます。いっぽうで、調和をつくりだしたいと思う人もいつでもその手段を見つけるものです。お金のやりとりは互いの豊かさを祝福するすばらしい機会になります。
ある女性は、小切手に次のような文句を印刷しています。

わたしが使うすべてのお金は、経済を潤(うるお)し、接するすべての人を祝福し、何倍にもなってわたしの元へもどってくる。

なんと力強いアファメーションでしょう！　不安や心理的な抵抗とは対極にあります。
以前のわたしはクレジットカードの請求書を受けとると、よくいらだったものです。明細をチェックしながら、その品物を買わなければよかったと思ったり、売り手に払う代価が高すぎると考えたりしました。しかしある日、これからはクレジットカードの請求書を利用して感謝の練習をしようと心に決めました。それぞれの項目を見ながら、わたしが欲しかったり必要としていたりしたものやサービスを提供してくれた供給者に対して、心の中で感謝したのです。すぐに、そうした人や会社のすべてが、わたしを大いに助けてくれていたことに気づきました。それからわたしは喜びと感謝に満ちて小切手を書きました。たちまち、それまでよりたくさんのお金がわたしのところへ流れ込んでくるようになりました。わたしがポンプに感謝という呼び水を入れると、宇宙はさらに多くの感謝をわたしのところへ送り込んだのです。

こうした考え方は実際に役に立ちます。かつてある賢者はこう言いました。「すべての人にやさしくしなさい。誰もが内面で戦っているのだから」。どんな思いやりの行為も、ちっぽけすぎるということはありえませんし、きっと喜んでもらえます。祝福を運ぶものとしてお金を利用すれば、与えたすべての祝福を自分で受けとることになるでしょう。

豊かさを享受するヒント

1. あなたは喜びにあふれて気持ちよくお金を払っていますか。それとも、損失、不安、憤りを感じながらお金を払っているでしょうか？

2. 誰かにお金を払いたくないと思っていますか？
あなたが憤りを感じていることは、どんなふうにその人との関係に影響を及ぼしていますか？

あなたが憤りを感じていることは、どんなふうにあなたの豊かさの感覚や、あなたが望むものを受けとる能力に影響を及ぼしていますか？

3. 気分をよくするために、その支払いを別の視点からとらえ直すことができますか？あなたの姿勢を祝福へと転換すると、あなたの豊かさにどのように影響すると思いますか？

4. 小切手にちょっとした感謝や祝福の言葉を書いてみましょう。どんな言いまわしを書くと、いちばん力が湧いてきますか？

アファメーション

わたしはすべての状況を利用して、祝福を実践します。
愛にはいつでも例外なく大きな力があり、愛そのものに存在価値があります。

感謝の姿勢

ほぼ世界中が眠っている。あなたが知るすべての人、あなたが出会うすべての人、あなたが話しかけるすべての人が。ほんの数人だけが目覚めていて、いつでも完全な驚嘆の念に満たされて生きている。

＊映画『ジョー、満月の島へ行く』より

最高の富を築く秘訣は、秘密でも何でもありません。しかしそれを理解して実践する人があまりにも少ないので、本当の金持ちはいまでも多くの人にとって手の届かない場所にいるのです。富を増やすためのいちばん簡単で、直接的で、報われる方法は、感謝をすることです。

スティーヴン・ミッチェルは著書『The Gospel According to Jesus（イエスによる福音書）』の中で、柴山全慶著の『A Flower Does Not Talk（花語らず）』にあるすばらしい禅の寓話を翻案しています。

そのという名の女がいた。女の信仰心と心の純粋さはあまねく知られ、人々の尊敬を集めていた。ある日、自分自身も仏教徒である男が遠くからはるばるやってきて、そのにこうたずねた。「どうしたら心穏やかに生きることができますか？」

そのは言った。「毎朝毎晩、それに何かあったときにはいつでも、繰り返しこう唱えなさい。『すべてのことに感謝します。足りないものはありません』」

男は一年間言われたとおりにしたが、心は穏やかにならなかった。男はうなだれて、またそののところへ行った。「教えられた祈りを何度も何度も唱えましたが、何も変わっていません。わたしは以前と同じ身勝手な人間のままです。どうすればよいのですか？」

そのはすぐにこう言った。「あなたのすべてに感謝します。足りないものはありません」

その言葉を聞くと、男は心の目を開くことができた。そして大きな喜びに満たされて帰っていった。

感謝の念は、心臓と同じようにある種の筋肉です。使えば使うほど、力を増していきます。感謝の対象を見つければ見つけるほど、ますますたくさんの感謝の念が湧いてきます。

わたしは感謝の力を、名付け娘である十歳のシャネーラから学びました。ある日の午後、わたしはシャネーラを彼女の新しい住居まで車で送っていきました。幹線道路からそれた砂(じゃ)

利道へ入って、シャネーラと両親が畑に置いた古いスクールバスに住んでいるのを知ると、わたしの心は沈みました。

シャネーラが彼女の住む土地を案内してくれるあいだ、わたしは悲しい気持ちでいました。彼女が極めて貧しい環境にいることがわかったからです。

大きな茶色の目でわたしを見上げながら、シャネーラはわたしの手をとって、バスの屋根の上に置かれた小さな木造部分へと導きました。それがシャネーラの部屋でした。ほかの場所と同じで、かろうじて住むことはできるという状態です。唯一の魅力ある装飾は、壁にかけられた色鮮やかなタペストリーだけでした。

わたしは暗い答えが返ってくるのを予想しながら、「ここに住むのはどんな感じ？」とシャネーラにたずねました。

驚いたことに、シャネーラは不機嫌になるかわりに、顔をパッと輝かせました。「この壁大好きなの！」と言って、クスクス笑っているのです。

わたしはあぜんとしました。シャネーラは冗談を言っていたのではありません。彼女はその色鮮やかな壁のおかげで、その部屋を楽しんでいたのです。シャネーラは地獄の真ん中で天国を見つけていました。シャネーラは幸せでした。

わたしは畏敬の念に満たされて車で家に帰りました。十歳の少女は、感謝という視点をとおして人生を見ることで、すべてを変えたのです。

より多くを求める前に、いま手にしているものに感謝しましょう。いまあるものに満足していないのなら、何を手にしてもあなたは満足しません。本当に満足できないとき、虐待に耐えているとき、自己犠牲という殉教者のような態度で人生を重い足取りで歩んでいるときに、自分は満足していると信じ込めと言っているのではありません。いまいる場所に価値を見いだせる人はたいてい、これから行く場所でもさらなる価値を見いだせるということです。気持ちを高めてくれるものごとに注意を集中させれば、あなたの気持ちはさらに高まります。

感謝は、求めることよりもはるかに効果のある祈りです。感謝をすることで、あなたは自分の豊かさを肯定しているからです。感謝は最高に力のある瞑想です。感謝をする人々は世界でいちばん幸福な人々であり、また自分自身で気づいているとおり、いちばん豊かな人々です。

人生というテーブルにつくとき、あなたは乞食ではありません。
あなたは招かれた賓客です。
――インマヌエル

豊かさを享受するヒント

1. 「自分はなぜ世界でいちばん幸運な人間なのか」という理由をすべて挙げましょう。
2. これまでの人生で出会った中でいちばん感謝している七人の名前と、何に感謝しているのかを書き出しましょう。そして電話をかけるか、Eメールを送るか、手紙を書くかして、感謝の気持ちを伝えましょう。
3. 人生で困難な状況に出会ったと感じたときのことをいくつか書き出しましょう。それからそのひとつひとつについて、何か感謝できることを見つけましょう。

✖アファメーション

すべてのことに感謝します。足りないものはありません。

【まとめ　9つの基本原則】

	豊かさを享受する鍵	思い出すためのひとこと（メモリーフック）
1	豊かさは自然なものだ。	いつでもじゅうぶんにある。
2	受け入れる準備のあるものは、すべて人生が与えてくれる。	準備ができたものは手に入る。
3	元気になることをしよう。	情熱は報われる。
4	気楽にやろう。 必死の努力はいらない。	つまらないことに骨を折ったり、骨の折れる仕事を大事にしたりしない。
5	奮起しよう。 何度でも自ら立ち上がろう。 意思を人に伝えよう。	手にする成果はあなた次第。
6	富を外に出すと、 中にも入ってくる。	どんどん循環させよう。
7	明確なヴィジョンを抱く人は、 どんな状況でも成功する。	見た目の状況に惑わされない。
8	視点を変えれば 力が湧いてくる。	ピンチをチャンスに変える。
9	人を大切にすれば、 あなた自身も報われる。	互いにとって すばらしい存在であれ。

謝辞

尊敬する師がかつてこう言いました。「感謝は、あなたが地面に近いのと同じくらい天国に近い」。感謝の言葉を述べるのは、いまわたしがいる感謝という名の天国にあなたをお誘いすることです。

本書で述べた原則を理解するためにわたし自身がたどった旅の過程で、洞察力にあふれるすばらしい友人と同僚が大きな支えとなってくれました。彼らの力強い意識が、本書の枠組みに大きな影響を与えています。彼らのエネルギーと思いやりは、読者が人生をよりよくするための大きな役割を果たしていると思います。ここで彼らに感謝して謝意を述べたいと思います。

以下の人々に心よりの感謝を捧げます。

最愛のすばらしいパートナーであるディー・ウィンに、目に見える幸運と見えない幸運に気づくためのさまざまな人生の教訓をともに経験してくれていることに対して。また、そのすばらしさをわたしに思い出させてくれることに対して。ディーの賢明で健やかな精神に触れることで、わたしは日々、自分がどんなに幸運であるかを思い出します。あらゆる才能に恵まれた人と並んで歩くことができるのはこのうえなく幸せなことです。

キャシー・マクダフとリッチ・ルーカスに、変わらない友情と、わたしたちの本やセミナーにたどり着く人々への親切で手際のよい思いやりに対して。人間が本来受け継いでいるものと、それを体現する先住民へのキャシーとリッチの心からの献身に、わたしはこれまで以上に心を動かされています。

エベリン・アンド・アソシエイツのマイケル・エベリンとクリスティーナ・ホームズに、わたしと本書を信じてくれたことに対して。最高の出版社から本書を読者にお届けすることができたのは、二人の気高く優れた尽力のおかげです。

ジョエル・フォティーノス、ミッチ・ホロウィッツ、そしてターチャー／ペンギン社のすべての優秀な人々に、本書の原則とエネルギーに調和していること、そして本書が読者への贈り物になると認めてくれたことに対して。本書の原則を理解してそれを実践する出版社、編集者と協力できたのは、なんとも恵まれたことでした。

そして読者であるあなたへ。あなたが豊かに生きることに対して心を開き、熱意を抱いてくれたことが、本書の素材を完成と出版に導きました。

わたしと人生の道が交錯したすべての大切な人々に。また、言葉、視線、勇気ある行動でわたしにひらめきを与えてくれた人々に。彼らのおかげで、わたしは気づいたり、思い出したりしたのです。人生は神からの贈り物であり、望みはすべて叶えられるということを。

〈著者略歴〉
アラン・コーエン（Alan Cohen）
アメリカ生まれ。現在ハワイ在住。世界25カ国で著書が発売されているベストセラー作家。ニューヨークタイムズの『こころのチキンスープ』の共著者でもある。人生を信じ、真の豊かさを手に入れて生きることを提唱し、全米のテレビ・ラジオ番組への出演やセミナー、講演などでも活躍している。毎年来日し、参加者のスピリチュアルな成長を促すセミナーや講演を行っている。
著書に、『人生の答えはいつも私の中にある』（ＫＫベストセラーズ）、『今日から人生が変わるスピリチュアル・レッスン』『「願う力」で人生は変えられる』（以上、ダイヤモンド社）、『魂の声に気づいたら、もう人生に迷わない』（徳間書店）など多数がある。

〈訳者略歴〉

本田　健（ほんだ　けん）

神戸生まれ。経営コンサルタント会社、ベンチャーキャピタル会社など、複数の会社を経営する「お金の専門家」。独自のアドバイスで、いままでに多くのベンチャービジネスの成功者を育ててきた。

育児セミリタイア中に書いた小冊子「幸せな小金持ちへの８つのステップ」は、世界130万人を超える人々に読まれている。著作シリーズは世界中の言語に翻訳されつつある。

著書に『お金の話をやさしく伝える本』（ＰＨＰ研究所）、『ユダヤ人大富豪の教え』『20代にしておきたい17のこと』（以上、大和書房）、翻訳書に『一瞬で自分を変える法』（三笠書房）など多数。

＊本田 健／公式サイト　http://www.aiueoffice.com/

頑張るのをやめると、豊かさはやってくる

2010年9月10日　第1版第1刷発行

著　者　アラン・コーエン
訳　者　本田　健
発行者　安藤　卓
発行所　株式会社ＰＨＰ研究所

東京本部　〒102-8331　千代田区一番町21
文芸出版部　☎03-3239-6256（編集）
普及一部　☎03-3239-6233（販売）
京都本部　〒601-8411　京都市南区西九条北ノ内町11

PHP INTERFACE　http://www.php.co.jp/

制作協力
組　版　株式会社PHPエディターズ・グループ
印刷所
製本所　図書印刷株式会社

© Ken Honda 2010 Printed in Japan
落丁・乱丁本の場合は弊社制作管理部（☎03-3239-6226）へご連絡下さい。送料弊社負担にてお取り替えいたします。
ISBN978-4-569-79127-2

PHPの本

知らないと損をする！

お金の話をやさしく伝える本

親子で学ぶ「お金と幸せ」24の知恵

本田　健　著

「子どもを100％応援する」「自分の夢を子どもに話す」など、お金の専門家が〝我が子を幸せな小金持ち〟にする魔法の子育てを伝授。

定価一、二六〇円
（本体一、二〇〇円）
税五％